晚清民國聞見錄

《睇向齋秘錄》《睇向齋逞臆談》《睇向齋談往》

陳灨一——原著
蔡登山——主編

【導讀】陳灨一的《新語林》及《晚清民國聞見錄》

蔡登山

陳灨一（一八九二－一九五三），又作甘簃，字藻青，號穎川生，別號睇向齋主人（「睇向齋」，原是陳灨一父親陳叔彝的書齋名，時逢戰亂，陳宅毀於一旦。陳灨一獲悉，「幾不知涕泗之何從」。），江西新城（今黎川）人。出身科舉世家，其祖上有一門七進士的顯耀背景，受家庭環境薰陶，少承舊學，喜好古文，「灨一甫五歲受四子書，十四歲畢十三經，雖奧賾未喻而劬勞可念也」。十四歲應縣試，居第一。與民初中樞顯宦楊士琦（杏城）有表親之誼，後為其引薦入袁世凱幕中從事文案工作。青年時在天津為各大報紙撰寫政論文章，受到張學良的賞識，一九二五年被張學良羅致入少帥幕府，擔任機要祕書。一九二七年進入京師禮制館。一九二八年在北平、天津學校教書。一九三二年赴上海創辦了《青鶴》雜誌，直到全面抗戰爆發。一九三七年後隱居北平。陳灨一交遊甚廣，與近世名家章太炎、夏敬觀、楊雲史、葉恭綽、陳三立、袁克文、吳湖帆、錢基博、章士釗、于右任、溥心畬等皆有往來。一九四八年舉家遷至臺灣。晚年境遇淒慘，以算命賣字為生，一九五三年去世。其主要著作有《睇向齋秘錄》、《睇向齋逞臆談》、《睇向齋談往》、《睇向齋隨筆》、《睇向齋聞見錄》、《新語林》、《懷遠錄》、《歷史人物觀》、《甘簃詩文集》、《辛亥和議之秘史》等，一九九八年大陸收集整理出版了其生前的文章集，名為《甘簃隨筆》。

《青鶴》雜誌是由陳灨一獨立出資創辦並擔任總編纂，於一九三二年十一月十五日在上海出版發行的半月刊，年出一卷二十四期，歷時近五年，一九三七年七月三十日，第五卷十八期出版，在第十九期即將付印之際，上海發生「八一三事變」，刊物毀於炮火，無奈之下只得停刊，共發行了一百一十四期。根據陳灨一的〈青鶴之命名〉一文知道：《青鶴》之名，出於《拾遺記》的記述：「幽州之墟，羽山之北，有善鳴之禽名青鶴。世語曰：青鶴鳴，時太平。」刊物取名《青鶴》，即寓意吉祥之禽鳥能「喚醒並世士大夫之迷夢」，亦期望人人皆有「太平之心」。陳灨一力主延續傳統、發揚國故，宣稱「本志之作，新舊相參，頗思於吾國固有之聲名文物，稍稍發揮，而於世界思想潮流，亦復融會貫通，勤求理論，不植黨援，不畫畛域，不納貨利，不阿時好」。（陳灨一〈本志出世之微旨〉）雜誌分論評、專載、名著、叢錄、文薈、詞林、考據、雜纂、小說（劇本）等欄目，為研究晚清近代的政事、經濟、思想、文學、學術等提供了翔實的材料。

陳灨一的《新語林》可說是民國的《世說新語》。他是模仿南朝宋劉義慶的《世說新語》之體例，全書分為八卷，一為德行，二為言語、政事，三為文學、方正、雅量，四為識鑒、賞譽、陽藻、規箴，五為捷悟、夙慧、豪爽、容止、自新，六為企羨、傷逝、棲逸、賢媛、術解，七為巧藝、寵禮、任誕、簡傲、悱調、輕詆，八為假譎，黜免、儉嗇、汰侈，忿狷、讒險、寵悔、紕陋、惑溺、仇隙。且於每則故事之下，附有所記人物之小傳。

陳灨一的自序說：「凡所述，以不掩其真為主，非以恩怨為褒貶，非以好惡定是非，閱時三十有八月。其聞人事牽掛，濡滯幾兩越寒暑，復攖病擱置久之。顧不佞才疏膽弱，未敢求速，稿凡數易，僅成茲篇，事取其高潔，義取其公正，言取其雋永。」袁思亮稱其文謂：「其所紀述，盡當世人，言行美惡，務存其真。又其辭淵雅雋永，能使人消釋鄙吝，曠然有絕塵出世之思，與記瑣閒談神怪者異矣。」

《新語林》全書內容，大都是清末民初的政界及社會名流的人物軼事。但它與前人所寫的「語林」體的書籍，有個最大的不同之處，是陳灨一在自序所說的以「時人而寫時人之事」，也就是他所寫的人與事，都是他親見親聞的，這與其他人靠文獻或傳聞以「今人而寫前人之事」者，可說是大異其趣，這也是其他同類作品所難以企及之處。陳灨一因出身世宦之家，又長期隨侍於清末民初權力中心的中樞人物如楊士琦幕中，因此所述之人與事「幾無一字無來歷」。而「所作多獨得之祕」，從「未經人道破者」頗多，也就是「獨家內幕」相當多，這也是本書精華之所在，也是治史者不可多得的材料也。

書，《晚清民國聞見錄》包含有《睇向齋秘錄》、《睇向齋逞臆談》及《睇向齋談往》三本小書，《睇向齋秘錄》是發表在包天笑所主編的《小說大觀》，後來在一九二二年秋由上海文明書局出版。所談都是清末民初的人物掌故，確是聞所未聞的實情實事，共計一百一十三則，每則文字不多，或記一事，或記數事，具體而微，生動有趣，可作為清末官場外史來讀。其中亦有不少可資治史者採擷之史料。《睇向齋逞臆談》刊於《青鶴》半月刊，有二十六則，主要記民國初年政界要人，如岑春煊、饒漢祥、楊度、熊希齡、康有為、梁啟超、錢能訓、程德全、周學熙、張一麐、趙秉鈞等人軼事及政治活動，間或涉及政壇內幕。《睇向齋談往》刊於《青鶴》半月刊，共計六十二則，專記作者在張學良幕中之見聞。對張氏父子及奉系中諸要人名士之軼事，內部派系間之關係，郭松齡反奉事件等均有論及，史料價值極高，作者又長於文筆，因此所述之軼事頗具可讀性。

目次

《睇向齋逞臆談》

《睇向齋談往》

《睇向齋秘錄》

弁言

前擬《聞見錄》一卷，皆軼事遺聞，然猶未盡述所懷。比來嘗叩長老先生與聞達之士、博雅之友，以故所得益多。性好弄翰，輒筆之於紙，日久積稿盈寸，長日無事，潤色成篇，名之曰《秘錄》。

陳公希祖軼事

曾大父諱希祖，字玉方者，官御史，著聲諫垣，書法名滿海內。於書無所不讀，尤喜讀顧亭林《天下郡國利病書》，謂儒生經世之事，皆在於此。為詩古文詞，皆出於精思，顧不甚愛惜，稿成輒棄去。書則宗董思白[1]，嘗此書有五字，「神、氣、骨、肉、血」缺一不可。碑刻縱善，形摹而不可學，當求古人真跡學之。右軍、魯公為遠代之人，其書不可得而見，見思白如見右

[1] 董其昌，字元宰，號思白。別號香光居士，直隸華亭人。明萬曆進士，以書法繪畫名於世。與邢侗、張瑞圖、米萬鍾合稱晚明四家。

軍、魯公焉。聞人藏有思白書者，不計路途遠近，識與不識，驅車造廬以請，於一點一畫，或觀至數小時，而作書從未對帖為之。棃源齊先生彥槐，為曾大父門人，有言曰：「清代書家，自張得天司寇、劉石庵相國而外，無有倫比。」使公登耄耋之年，且奪華亭之席矣。而公初不以書法自見也。

陳公孚恩與劉君宗漢軼事

叔大父子鶴府君，諱孚恩。當道咸兩朝，以尚書入贊樞機，權勢為諸大臣冠，卒招奸人之忌，以莫須有之事去官，論者惜之說。元室述聞紀其事有云：「尚書當咸豐朝，權寵為漢大臣冠，徒以比於肅相，遂至罹於黨禍，後之人且目為奸黨。然其謀國之忠，愛才之篤，論事之識，同事諸公固無有與並者。惟士大夫習於泄遝者久，驟有一綜核名實，認真辦事者起而矯之，則人人咸詫為不詳，必協力以傾之。尚書之得禍，蓋原於此。」著者署名竝，蓋深知叔大父生平者，而不平之鳴流露於字裡行間。惜未詳其姓氏，深以一識荊為快也。

府君之被議謫伊犁也，時在同治辛酉之歲，逾年詔釋回，旋復有旨暫留伊犁幫辦軍務。而府君未能遽返珂里者，以是故。先是回匪為亂，孤城坐困，久不得援。府君與將軍某公，共謀保城安民之策，乃盡棄帑帛為軍用，堅守數十月，糧絕而兵蓋疲。府君率隊為背城借一之舉，卒大敗。匪長驅直入，城遂陷，府君與將軍俱殉難。時為丙辰正月二十二日。當府君自都起程也，僅挈庶室黃太夫人暨九、十一兩伯父同行，道經西安，耳諸生劉宗漢名，禮聘為兩伯父師。劉君素以義俠見重於鄉黨，不獨讀書有聲，得命欣然允諾，賓主相處甚歡洽。城陷日，黃太夫人殉節，劉君倉皇挈兩伯父東行，未及念里，遇亂兵失散。諗其係入城者，乃復返。劉君哀急焦思，偵探旬餘，終不得蹤跡。一夕，睡夢中見府君泣對之曰：「吾兩兒皆在回營中，無恙，君可至此攜之歸。」迨驚醒，東方已白。亟披衣起，飛奔回營，守卒叱止之，哀求亦弗許。忽思投俄軍營呼籲，容或有濟（時俄兵以定亂有功，駐紥城內）。至則泣訴始末曰：「不得兩公子者，寧一死以報其父母於地下耳。」俄將憫其誠，命左右偕赴回營，索兩伯父出。

九伯父年八歲，十一伯父年五歲，皆豐儀俊秀。俄將見而悅之，曰：「留長公子於此，吾以女妻之，君偕次公子返，可乎？」劉君婉轉陳詞，聲淚俱下。俄將不稍動。君即以所帶白刃加諸頸，鮮血淋漓，濕透衣袂。俄將始驚曰：「若胡然，還爾兩公子可矣。」亟命醫官以藥敷創口，裹以布，安置一清靜之室，護養周至，匝月乃癒。俄將給牒遺資，囑劉君善護兩伯父返故鄉。既行，抵內蒙，途遇盜劫，隨身衣物以及資斧蕩然無存。呼天不應，呼地不靈，惟徒步行乞之一法。食則兩日一餐，或三日兩餐，欲求一日一飽而不可得。宿則或空谷，或叢林，或沙漠，馳驅荊棘之中，輾轉風雪之地。自伊犁經內外蒙古，以達山西、河南、湖北諸省，歷時十有七月，始抵南昌。吾家世居黎川，此際適有一部分暫居省垣者，時叔大母崔太夫人猶在堂。兩伯父既歸，舉家狂喜，一一拜謝劉君潔舍館之，待以殊禮。劉君居月餘，雅不自安，躍然有歸志。崔太夫人再三挽留，終不可，乃贐白金五千，以壯行色，其他衣服玩好稱是，劉君堅拒不納，僅取數十金，曰：「以此返西安足矣。」瀕行，舉家百拜歡送，兩伯父垂涕牽其袂，不肯釋手。此者年先大母方太夫人以語余者也。

灝一曰：如劉先生宗漢，惟信義是尚，萬里跋涉，備嘗艱辛，卒使兩伯父安抵故鄉，而不樂受報。塵海茫茫，如先生者，誠未可一二得也。十一伯父尚健在，丁巳春，灝一以事如濟南，覲慈顏於大明湖畔，伯父語及茲事，謂劉先生離贛未久即物化，言已，淒然涕下，余亦太息久之。

按：叔大父殉難伊犁與劉先生護送兩伯父歸贛事，近人記述頗多，惟《春冰室野乘》所載較為有據，然言未詳盡，且有傳聞失實之詞，爰泚筆記其始末。

高宗軼事

清高宗（弘曆）南巡至廣陵，一日對近侍曰：「朕嘗聞廿四橋之黃魚與粽子甲於天下，爾輩出外見之否？」近侍奏曰：「滿街都是矣。」上微笑。翌日，御膳房以紅燒黃魚、火腿粽子進，上食之美，但一思內侍之誤會，又忍俊不禁。蓋所謂黃魚與粽子者，乃婦人之天足與纏足也。

宣宗軼事

清宣宗（旻寧）嘗潛行至軍機處以覘樞臣之勤惰，諸軍機遂相約每日以一人及暮退朝，以俟御駕。一日御臨，叔大父孚恩公在焉。帝曰：「諸人皆歸，汝何獨留？」公奏曰：「臣責任綦重，不敢貪安逸。」帝頷之，即日御賜書「清正良臣」額。吾家廟中建巨坊一，以此四字懸之，迄今巍然尚在也。

穆宗軼事

清穆宗（載淳）好冶遊，不得其死，社會傳布者久矣。其居宮中，嘗穿黑色衣。恭忠親王奕訢，以有違祖制，婉諫之。穆宗正色曰：「朕違祖制，罪當如何？」王曰：「臣冒死進言，乞聖明容納，帝何罪之有！」穆宗曰：「載瀓（溥偉之父，王之子也）亦常服此衣出入宮門，爾不嚴誡瀓而力諫朕，是何居心？」王悚然退，行至中途，而殺王之詔下矣。諸軍機泣訴於慈禧太后之前。慈禧召帝至，詰之曰：「何事殺奕訢耶？」穆宗不能對，遂寢。

德宗軼事（三則）

（一）

清德宗（載湉）聰穎好讀書，尤留心外事，顧受制於慈禧，計不得逞。翁常熟、孫壽州同為師傅，諗帝有改革政治之決心，頻以強鄰陰謀、生民疾苦上達睿聽。德宗長太息曰：「朕豈為亡國之君哉！朕豈為亡國之君哉！」

（二）

德宗於師傅中，最善翁常熟。瓶相[1]美鬚髯，兩乳毛長五寸許。德宗幼時，嘗捋其鬚，並伸手入懷，撫其乳以為笑樂。

（三）

英日同盟之約成，德宗聞而歎曰：「此非吾福也。」慈禧叱止之曰：「外交問題，不宜妄發議論，爾不虞牆外有耳耶？」德宗曰：「斯語即傳於外，容何傷？」慈禧舉杖作欲擊狀。德宗急跪曰：「吾不復言矣。」

[1] 翁同龢，字叔平，號松禪，晚號瓶庵居士。是同治帝和光緒帝的兩代帝師。

孝欽軼事（二則）

（一）

戊申十月二十一日，光緒駕崩，孝欽病危，召軍機大臣奕劻、世續、張之洞、鹿傳霖、袁世凱入宮。孝欽詢諸人，近支王子，何人堪繼皇位，諸人同聲乞睿斷。孝欽默然良久。袁世凱曰：「貝子溥倫，才識兼優，為近支王子中傑出人才，堪勝萬乘之任。」孝欽恚曰：「爾毋喋喋，予自有主張。嗣後爾宜慎言謹行，仇爾者大有人在也。」袁駭汗伏地，不敢仰視者久之。孝欽復顧諸臣曰：「予意將載灃之子溥儀入嗣光緒，兼祧同治，繼承皇位，而以載灃攝政，可乎？」眾唯唯。孝欽嗚咽曰：「予病不可救，趣擬詔呈覽。」旋奕劻捧草詔入，孝欽閱畢，命趣下宣示天下，日未暮而崩。孝欽在日，袁項城權寵冠群臣，自孝欽沒，輿論以為將不容於隆裕、載灃，必獲嚴譴。孰知僅以足疾難勝重任，放歸田里，俾安享優遊林下之樂，微孝欽臨終一言曷至此。蓋孝欽諗隆裕以光緒故，恨之刺骨，載灃素亦不喜其人，乃於垂危時泣對二人曰：「袁世凱為先朝舊臣，勞苦功高，允宜待以殊禮，毋以予死而遠之也。」隆裕、載灃唯唯。旋遂有開缺養痾之旨。

（二）

世傳孝欽淫行，不下數十事，大都捕風捉影、牽強附會之談，識者疑焉。以余所聞，某部郎宵遁事，足以見孝欽之荒淫。此則政界大老，多能道之者也。某部郎，皖人，少年，貌白皙，孝欽於彼奏對時，目注神移久之，乃密遣李蓮英探部郎意，說將留諸宮中辦理機要。部郎悟，佯諾之，夤夜遁歸，變姓易名，終身不仕。

奕譞軼事

醇賢親王（奕譞）為德宗生父，慈禧素猜疑之，而欲置諸死地者。會王病，日派御醫數人輪流診視，藥由內廷頒出，陰以毒物少許雜其中，於是王病益危。李合肥與王交彌篤，聞王病，自天津遣醫入都，期起沉疴以報知己。醫至，王弗與診脈，揮淚告醫曰：「予初寒熱數晝夜，飲藥後汗出如雨，以為不日可癒矣。太后格外施恩，御醫一日數至，而藥料則發自宮中。予以今上故（今上指光緒），久任勞怨不辭，今病必不起。君歸為我致言少荃，高情厚誼，沒齒不忘也。」

張玉書之風度

張文貞公（玉書）弘曆朝為首相，翠華南巡，御書「恭儉為德」四字賜之，遂為京江一時之佳話。公為人固不獨以儉德著，其度量亦非常人所及者。聞公自幼讀書，一僕隨護，及長入詞林，而僕已衰邁矣。一日公詣書齋，執卷坐誦，此僕入灑掃，呼曰：「素存起去。」公趨他室待之，事已復入，未嘗嚴以詞色也。僕同事誡之曰：「公子今貴矣，爾猶若昔日伴讀時，而直呼其字耶？」僕恍然大悟，自是貌恭肅，稱公曰「老爺」。公異而詰之曰：「誰授意爾者？」僕跪曰：「理所當然，小人昨者不知檢束，幸大度曲予優容也。」公歎曰：「何物狡黠，斲喪爾天真矣。」笑以手援之起。公一日入值，上問曰：「天下最肥者何物？最瘦者何物？」公對曰：「臣意春雨最肥，秋霜最瘦。」上笑曰：「此真宰相語也。」

紀昀之詞令

紀文達公（昀）性坦率，好詼諧，束身廉介，其遺聞軼事，散見於諸家筆記者多至百數十則。余聞一事，似未經他人筆之於書者。御史某因事有慊於公，以納賄語於上。仁宗召公入，問之曰：「有人謂爾受賄，朕弗信，但願有則改之，無則加勉。」公奏曰：「臣服官數十年，從無敢以苞苴請託者，謗臣者真別具心肝！臣非不要錢，所得乃為戚友先人作傳，或碑銘之酬金，是無異賣文。賣官當刑，賣文無罪。」仁宗囅然曰：「貧士賣文則有之，未聞大臣亦賣文也。」公曰：「如臣之窮，固猶未脫貧士本色。」仁宗笑頷之。

錢陳群之輕生

錢文端公（陳群）微時，讀書於海寧州城內之關帝廟，嘗終日不得一飽，戚然憂之。廟外松樹成林，公束帶於樹，引頸求死。適有負販者路過，見而大呼曰：「何家男子尋短見耶？」公驚視之，負販者已近前解其縛，問故，公詳語之。販者歎曰：「今為大比之年，正英豪出人頭地之日，先生非久困之人，宜忍耐待時。吾囊中有錢十千文，姑為燃眉之需。」公堅辭不受，固請，始再拜納而謝之。是年應鄉試獲雋，次年成進士，卒大拜。公曾孫伯魚君，以是語吾外舅，余則聞諸外舅者也。

曾國藩之滑稽（三則）

（一）

曾文正公（國藩）最善滑稽，嘗曰：「人當愁思之際，一聞謔語，開口便笑，百憂頓解。」一日與客論時局，太息曰：「不肖者接踵而起，此輩辦事，顛倒是非，混淆黑白，當設一科曰『絕無良心科』，以安頓之。」客大噱。

（二）

文正丁外艱，由贛軍營回籍守制，朝議非之，士大夫咸譁然，左恪靖詆之尤甚。文正致書劉葭仙中丞蓉云：「自今日始，效王小二過年，永不說話。」憤激之氣，溢於言表，而措詞則滑稽極矣。

（三）

文正克復金陵，樞府疆吏與親友紛紛緘賀，皆不外歌頌功德之言。文正彙次成冊，簽曰《米湯大全》。此三事曾廉訪廣銓為余言。廉訪公之文孫、惠敏公之哲嗣也。

左宗棠之詼諧（三則）

（一）

左文襄公（宗棠）善詼諧，嘗好為高興之言。當總制陝甘時，新簡西安將軍恭鏜自都抵任，慕公名，繞道至蘭州謁之。公款之於署。恭盤桓半月，行日，文襄餞之，酒酣忽狂笑不止，座客愕然。既而顧恭曰：「昔憲廟純皇，戡定邊疆，其時諸將帥無一非駱駝耳。」時左右侍立者十餘人，文襄指之曰：「此輩亦無一非駱駝，一經負重，顛蹶不起。」復自指曰：「鄙人亦一駱駝，但視眾駱駝稍勝一籌，蓋鄙人力能負重，弗致竭蹶耳。」又復指恭曰：「公亦承認為駱駝否？」恭大笑，他客亦莞爾。

（二）

文襄諸材官中，有戴福者，湘人也，軀幹偉長，腹大如鼓。一日宴客，戴侍立裝煙，文襄笑指之曰：「大腹（湘音讀如戴福）中不知裝的是什麼東西？」材官肅容以對曰：「戴福裝的都是好煙。」滿座大噱，文襄亦笑不可抑。蓋誤聽大腹為戴福；裝什麼東西，以為所裝之煙未嘉也。

（三）

文襄嘗對客問其子曰：「爾胡為無諸葛瞻之才略？」子不能對。郭筠仙侍郎在座，笑曰：「公既自比孔明，更責令嗣不如思遠，噫！是何言歟？」文襄顧左右而言他。

胡林翼之智謀

胡文忠公（林翼）巡撫湖北時，方手握重兵，朝廷忌之，特任官文督鄂，陰為監視，識者憂焉。官抵任，卒無所掣肘，惟公之計是從，實文忠利用其妾，以收此良好結果也。官有幼妾，寵愛冠諸姬，其生日偽言夫人壽辰，通告百僚，蓋非如此必無人入賀也。及期，藩臬以次群集，甫遽手版，而巡捕以實告。方伯某大怒曰：「夫人壽辰，理應慶賀；今乃若是，吾為朝廷二品大員，烏能屈膝於賤妾裙帶之下哉！」某廉訪、某觀察亦繼之而罵，紛紛索回手版。方伯先返，餘人尚待中丞駕，未即行。俄而文忠至，昂然入賀。眾大駭，以為或未悉底蘊，詢諸侍從，則云：「文忠固知之。」僉以巡撫猶屈尊入祝，自不必拘執小節，遂魚貫而進。官為妾求榮，偽言以欺人，幾遭大辱，得文忠乃保全體面。文忠諗官之愛而憚其妾，囑夫人常邀之遊宴，更稟陳太夫人善待之。官妾善詞令，過從既密，太夫人酷愛之，認為義女，自是官妾以母呼之，以兄嫂呼文忠及其夫人。文忠於吏事、軍事之種種設施，慮官作梗者，預先由太夫人密告其妾，妾乃向官終日絮絮不休。嘗曰：「胡大哥才識勝你千萬倍，凡事都服從其辦理，決無貽誤，自己落得享清閒。」官唯唯。自此，事無巨細，悉取決於文忠。而文忠建一議，出一策，官從無異詞，蓋全賴此婦人三寸舌之力也。黃幼農世伯官鄂久，諗其詳，為余言如此。

彭玉麟之爭功

彭剛直公（玉麟）督師長江，克復小姑山後，宴諸將於鄱陽湖，賦詩志慶，有「十萬大軍齊奏凱，彭郎取得小姑回」之句，迄今傳為美談。當時某統領聞之曰：「惜乎吾不能詩，更惜吾非姓彭，其實吾收復小姑山之日，雪琴督師猶在潯陽也。」某管帶以告剛直，剛直詰某統領曰：「爾官係何人委任？」曰：「督師委任。」「爾軍受何人節制？」曰：「督師節制。」剛直掀鬚大笑曰：「湖口之戰，子入陣，予為指揮，授子進攻方略。小姑山之克復，豈子一人之功耶？胡為有惜不能詩，惜非姓彭之語？」某戰慄不能聲。吳君靜園為余述其祖荔齋太史親聞諸剛直者。

李鴻章使美之軼聞（二則）

（一）

李文忠公（鴻章）由華盛頓赴紐約，派隨員某君先一日行，令預為布置。某抵紐約，向最宏大之某旅館定房間，問價，則曰：「一等每間每日百八十元，合華幣三百五六十元；二等減半；三、四等遞減。」某不敢決，電文忠請示辦法。文忠閱電咋舌，斟酌再三，始電覆，令定二等一間自居之，三、四等各五間隨員僕人分居之。文忠即於次晨駛汽車行，笑對左右曰：「一日不去，則耗費不鮮矣。」

（二）

美國某武將入謁，文忠方如廁，命長公子經方接見。某堅欲見本人。文忠俟事畢乃出，對某曰：「予患痔，不能坐，僅可立談。」某曰：「立談亦佳。」歷半小時，文忠不支。某睹其狀，遂興辭而去。

劉蓉之高逸

劉霞仙中丞（蓉），與曾湘鄉為莫逆交，罷官歸里，嘗以尺牋通殷勤之歡。湘鄉屢勸其出山，中丞以書報之云：「山居窈深，觸境皆靜，此身如在三山蓬島間；而埋頭讀古先聖賢之書，此身更如在兩漢周秦之世。」湘鄉復曰：「三山蓬島非人境也，兩漢周秦非今世也，公豈兼仙人古人而有之耶？」中丞以示知交，欣然有喜色。

鮑超之奇談

鮑忠壯（超）當洪楊之役，隨曾文正轉戰長江諸省入贛，自東至建昌過黎川止，息於吾家石竹山房。見樓臺亭榭，花鳥怡人，顧而樂之，流連浹日始去。歸途語文正風景佳勝。文正曰：「此陳碩士侍郎讀書之所也。予欲往瞻仰而未果，公眼福真不淺矣。」鮑曰：「素耳其名，未見其人。」文正曰：「陳公已歸道山矣。」曰：「斯人既逝，則此園林應歸何人所有？」文正笑曰：「其子孫自有守之者。」曰：「吾以陳氏或已無人，何以未見一人也？」聞者皆匿笑。

瀫一曰：鮑以擔水夫出身，位至專閫，嗜殺而外無他長。幼時聞長老言，其軍至吾鄉，吾家人有無辜被戮者，以是逃避一空，此鮑所以有未見一人之語。其愚真不值一笑也。

陳寶箴之妙語

陳右銘中丞（寶箴）為吾贛材士，曾文正、沈文肅均器之。文肅撫贛時，馬文正約，以江西稅收撥供江南軍餉，行之日久。嗣因匪勢猖獗，募兵需款，乃上疏請截留；一面緘致文正，述其故。文正頗不悅，久不與通問。文肅乃授意中丞作調人。中丞首肯，如金陵見文正，談次，徐曰：「有父子兄弟四人，操舟為業，舟行如河，三人掌篙，一人掌舵；中途遇風，互相謾罵，幾忘其為一家人。迨風息舟泊，歡笑如故，此所謂小人喜怒無常也。」文正曰：「不然，彼父子兄弟之相詈，懼舟覆沒而皆葬身魚腹，固無仇怨，舟泊而言歸於好，又何疑焉？」中丞曰：「然則公與沈公之爭，恐江南之不保，今江南底定矣，而兩公若有不解之慊，豈所見尚不如舟子哉？」文正笑曰：「公妙語解人，不才願認過。」立致書文肅，和好如初。

吳棠之奇遇

吳勤惠公（棠）宰清河縣，有父執劉某為湖南副將，卒於任。其眷屬扶櫬回籍，舟過清江，繫河畔，使人報勤惠。同時有已故廣東副將惠澄之喪，舟亦泊於此，姊妹二人護之行，一身而外無長物，勤惠致賻銀三百兩，命人送交劉氏眷屬，將命者誤送其舟。姊妹見吳棠名刺，不知何許人。來者以邑宰對。二女哀惋，致感謝之詞。來者登岸，尚微聞姊妹相語曰：「世間安有此輕財好義之宰官，真夢想不及也。」迨覆命，勤惠大怒，掌其頰，必欲返璧。幕客程某止之曰：「聞舟中二女，係滿洲閨秀，此行雖護喪回旗，亦入都應選秀女，安知其將來不為貴人？姑將錯就錯以結好，或於公有利，亦未可知也。」勤惠以程言殊有理由，遂從之，復封銀三百兩致送劉舟，且於祭劉副將畢，登舟致祭，姊妹益泣感，藏名刺於綢帕，裹而置奩具中。姊語妹曰：「吾姒娣他日若得志，萬無忘此賢令尹也。」既而，長女果被選入宮，封蘭貴人，旋為貴妃，仁宗寵愛甚，誕穆宗，晉位為后，即慈禧也[1]。妹以姊之撮合，為醇親王奕譞福晉，生德宗。穆宗嗣位，慈禧以太后垂簾聽政，累擢勤惠至四川總督，在任數年，薨於位，謚曰「勤惠」，蓋猶不忘前事也，近人筆記記茲事者甚多，而言人人殊；即賻銀一端，亦多寡不同，昔嘗以此問楊味春表伯，公曰：「是皆隔靴搔癢之談。」因為余述始末。公為勤惠東床，而親聞諸勤惠者，其言之徵信詳盡，於此可見矣。

---

[1] 原文如此。

馬玉崑之敢戰

馬忠武公（玉崑）驕悍善戰，世稱之為伏波將軍。庚子，聯軍進攻天津，忠武時統毅軍，駐河東，義憤填膺，誓必與敵決一死戰。總督裕祿阻之曰：「外人戰術奇妙不可測，我軍非其敵，君戰必敗。」忠武不聽，率所部屯北倉。北倉者，京津之要道也。聯軍勢在必爭，奮勇力攻，日兵尤鋒銳不可制。忠武袒膊持刀躍而前，手刃日兵十數人，敵勢稍殺。忠武率隊冒險衝進。中彈，傷左臂，負痛指揮如故，卒不支而退。是役也，外人讚不絕口，目為中國將才。其時京津人士之論忠武者，謂北倉之戰，使聯軍未遽長驅入都，慈禧、光緒得從容西幸者，即恃此一戰。雖為敗軍之將，而忠勇愛國之誠，未可湮沒也。

榮祿之貪詭

榮文忠（祿）恃慈禧之寵信，剛愎自用，旁若無人。庚子兩宮駐西安行在，滇省某商人獻大理石屏風二座，崇山峻嶺，畢肖真境，慈禧嘉納。事為榮所聞，密向某索是物，某無以應。榮疑其詐，奏慈禧曰：「今陛下雖蒙塵，神聖尊嚴猶在，區區一賈人物，不宜受也。」慈禧動容，返之。某復送諸榮，榮以既諫太后弗受，又何能受之以自取罪戾，遂亦拒絕勿納。一說慈禧於受物後，擬授某以官，榮力阻，而是物終為榮所得。二說未知孰是？余並存之。

桂祥畏航行

桂祥以女妻光緒，封為承恩公，一度為巡邊大臣。時李合肥督北洋兼領海軍，桂具門生帖謁之。既見，合肥曰：「君銜命巡邊，必至海軍屯駐地；今艦隊集旅順，吾當飭艦護君行。」桂趑趄對曰：「部下軍士皆北產，素不慣航行；此輩善騎，門生願率之自陸北繞至旅順。」合肥笑曰：「士卒誠畏水，君恐亦患此也。」桂俯首無辭。

奎俊之巧遇

奎樂峰（俊），榮祿之胞叔也。任四川總督時，目睹匪亂，束手無策，御史交章嚴劾。榮祿在樞府，不能蔽乃叔之惡，遂有旨開缺。故事，已開缺之督撫，須俟至一二年後始能起用。奎抵京，以珍寶託李蓮英進御，復贈李多珍為酬報。李力為慈禧言其老成可靠，且係國戚，不宜久置閒散。慈禧問榮祿曰：「爾叔奎俊仍欲外放耶？」榮奏曰：「奎俊非疆吏才，如遇尚、侍缺出，乞恩賞賜。」未旬日，理藩部尚書某逝世，詔以奎補授，一時朝野歎為異數。實則其賄託所費，已逾十萬之巨也。

剛毅之笑柄

剛毅不解句讀，而自負能文。其任雲南按察使時，將任內各項公文，分類編輯，刊印成冊，名曰《官場必讀》，逢人贈與。其自序云：「余自信無學問，全憑眼光挑選二三文人學士以資輔佐。是書之成，不可謂非余一生之心血也。」幕客某太史，以其文理不通，竄易而後付剞劂云。李惺吾閣學曾詳述其生平，並語及此。其軼事以他書已載，故不錄焉。

陳國瑞擅書法

陳慶雲軍門（國瑞）以武夫擅書法，余於李惺吾閣學處，見其所書對聯，筆致雄健，不亞松禪。更聞其喜作斗方行草之「龍」字，一氣呵成，有神妙莫測之勢，得之者莫不珍為拱璧。

瑾妃、珍妃之交惡

瑾妃、珍妃為姊妹，皆德宗妃。珍妃墜井事，見名人筆記；而瑾妃投繯遇救，則無人記載也。瑾妃性淑嫻，而珍妃躁急。德宗寵瑾妃，不悅珍妃，珍妃疑姊有浸潤之譖，致失歡於上，思乘機圖報復。一日，叩孝欽宮，陳瑾妃欺侮狀，謂上愛而偏袒之，視彼如路人。孝欽信為實，傳瑾妃至，嚴詞告誡。瑾妃敢怒不敢言，返宮投繯，適為內監所見，亟報上，德宗飛奔至，以藥解之，得不死。而二妃之仇怨，自此愈深矣。

奕劻軼事

慶親王（奕劻）領袖軍機，垂十餘載。性好貨，所舉之人，靡不以賄進，賢否不問也。軍機處改組，內閣設閣丞一缺，奕劻屬意滿領班三品章京英秀，那桐、徐世昌同舉薦官報局局長華世奎，攝政載灃以華資深於英，而才幹過之，准那、徐所請，調英為承宣廳長。詔下，奕劻大怒，謂：「內閣由總理大臣負責，閣丞一缺應用總理親信之人。醇王不明此理，那、徐更不應越權干涉。」那、徐聞而恐慌，婉詞謝過。華既就任，奉令惟謹，深得奕劻歡，嘗曰：「璧臣（華字）遠過華卿（英字）也。己酉蘇撫瑞澂升任鄂督，詔以晉撫寶棻調補，遺缺簡丁寶銓繼之。先是，奕劻力保晉按察使志森升任，載灃以無成例，不允。奕劻曰：「朝廷方破格用人，自不必拘守成例，如趙爾豐以道員護蜀督，段芝貴以道員署黑撫，先例具在，王何云無？」載灃默然。軍機五人，是日南皮、定興均未入值，遂擱置未議。次日複議，鹿相大不謂然，曰：「果使志森撫晉，將置該省布政使於何地？破格求才時代，固不必拘執階級之說，若黜陟太無標準，何以示賞罰，今晉撫一缺，求才他省則已，苟不出山右，自應以丁寶銓升任為名正言順；且丁資望遠在志森之上，尤無棄之之理。」奕劻方欲置辯，南皮已表示贊成，世、那則依違兩可。載灃深器張、鹿，頗以奕劻引用私人為非，遂詔以丁補晉撫，所遺布政使授志森，以全奕劻體面。志森，滿洲正藍旗人，奕劻幼子之婦翁也。

張之洞軼事（三則）

（一）

張文襄公（之洞）督鄂時，梁鼎芬以一知府干預全省吏治，同僚憚之如虎。文襄嘗語人曰：「向以星海為文士，迨試以吏事，人所不能為者，彼為之，條理井然；人所不敢言者，彼言之，理由充滿，真大材也。」未幾，以梁矜才恃己，舉動浮躁，登諸白簡。疏入，樞府諸巨公皆詫異。鹿定興以私電詢文襄用意所在，文襄覆電曰：「梁鼎芬誠懇精勤，為眾所忌，劾之者，乃塞反對派之口也。」

（二）

文襄調督兩江，鄂任虧空五百餘萬，電致盛宣懷挪借二百萬，以備彌縫，訂期歸還。盛覆電「有心無力」，文襄閱畢，怒曰：「杏蓀原來是一個大滑頭！」

（三）

文襄在兩江任，袁項城自天津如南京，就商要政，密談兩晝夜。其問題為改良軍制、厲行教育。二人各執己見，議論終無結果。項城行日，文襄餞之於署，幕客趙某等侍座。項城問趙姓氏畢，忽大噱，趙不禁面紅耳赤。文襄怒目視之，乃假寐以示輕慢，竟至熟睡，呼之久不醒，項城一怒而去。文襄醒後，不見首座客，亟命左右請之回。項城雅不欲往，三請三辭。文襄不得已，親迎之，長揖謝罪，相偕入署，歡談暢飲而別。

鹿傳霖軼事

鹿文端公（傳霖）秉性耿直，守正不阿，官樞垣，政見與張文襄不合，時起口角之爭。二人固內外兄弟，平日無纖芥嫌，以政爭故，互詈不稍讓，日久習為故常，退值則又相視而笑。一日，討論籌備立憲年限問題，文襄主張七年，文端堅持十年，卒至拍案叫罵。文襄指文端曰：「蠢鹿無知覺，不足以語人事。」文端報之曰：「獐吃人，真可殺耳。」不歡而散。厥後鹿夫人歸寧，文襄笑語其姊曰：「弟乃一獐耳！」夫人亦笑曰：「芝軒告我，謂吾弟呼之為蠢鹿，彼遂戲呼弟為獐，我豈鹿之婦，而獐之姊耶？望彼此弗再以怪語相謔，失大臣體。」文襄默然。夫人復以此語勸文端，文端曰：「謹如夫人教。」外間喧傳文端有季常癖，或即指此。

徐郙與尹銘綬

徐頌閣相國（郙）、尹禾卿學政（銘綬）為師生，尹素以輕躁聞於時。辛丑歲，為山東學政，有高唐州優廩生某，與徐相有世誼，諗尹為其門生，以考優事懇相國作一書說項，相國允之。書中於優廩生某君，英年積學，卓爾不群語。優字之旁，密加三圈，若示以斯人應予以優貢也者。尹喻其意，於接見某時，作懇切之詞曰：「徐師命，義不容辭，君且待之。」某狂喜，以事可操卷矣，迨考試期屆，有恃無恐，草草成篇；榜發，名落孫山，疑憤交並，百計探訪，終不得消息。一日，尹召之入見，甫坐定，怒形於色，曰：「予意君經徐師保舉，學問必高人一等，擬俟閱卷後置第一；孰知君文句淺泛，字筆亦潦草，不忍以愛君者而反害君，故決計不取。蓋外間早已人言嘖嘖，誣予視考試為交易，若舉非其人，輿論之攻擊必愈加厲，予與君皆不利，君宜諒之。」某悻悻而出，挾巨金入都，報效某項經費三萬兩，欽賞舉人；復納粟為郎中，詣徐相陳始末。徐出尹書示之曰：「初以為子賢，乃竟如此，俾予授人以口實，子安乎？」某復力白其冤，而言尹狡猾狀，淚隨聲下。徐信而慰之，函斥尹忘恩負義。尹懼，乃先發制人之計，捏稱徐相受某生賄託，為之索優貢，具摺入奏，摺中粘抄原書為證。詔下，徐革職，尹降三級留任，某生之舉人、郎中一併撤銷，驅逐回籍。

翁同龢之狡黠

翁叔平相國（同龢）書法冠絕一時，居京師，索書者戶限為穿，相國苦之。某京卿持團扇乞書，相國大書「山窮水盡」四字，某慚而毀之。蓋其人久無差缺，境況蕭條，方以事干求。相國遂不假思索，以此四字辱之，且以抵制後來者。由是輾轉相傳，咸以京卿求榮反辱為鑒，向之絡繹於門者，俱裹足不前矣。相國笑對人曰：「某索書月必十餘次，中堂條幅、屏扇對聯，接續而至，即此一人，予已不勝其擾，況來者復日盛月增，安有暇日日臨池握管？眾不我諒，乃思設計避之。」適某以書團扇為請，遂書「山窮水盡」四字窘之，亦懲一儆百之意，而其法大效。此聞諸鍾非園觀察者；旋復聞吾友黃淑予云：「某京卿即葛尚書寶華也。」

王文韶不辨國名

王文勤公（文韶）久官樞府，素稱頑固。光緒某年，日斯巴尼亞遣使來華，要求締結某項新約，外務部依例呈報軍機處。文勤閱之，怒曰：「日本鬼子又來胡鬧！」章京某對曰：「日斯巴尼亞者，乃歐洲之西班牙國，非亞洲之日本國也。」文勤正色曰：「安知彼非因作無厭之求，恐我不允，變稱他名蒙混？誠如君言，則西班牙何以又稱日斯巴尼亞？彼既可一國兩名，日本又胡為不可？」某但笑而不敢辯。

張佩綸之工媚

張幼樵侍郎（佩綸）嘗詣閻敬銘門，倍致殷勤。某年充殿試讀卷大臣，思有以媚之。詢其子書學何人？閻曰：「顏魯公也。」及讀卷日，果有一卷作顏體，張喜曰：「此必丹初之子也。」遂力與總裁李鴻藻言之，由二十七名拔置第四。拆卷視之，乃吳興朱古微祖謀，大詫。閻子固不善書，更未嘗作顏字，而張始知為其所紿矣。張以馬尾之敗褫職，李合肥雅重其才，延之入幕。有愛女年近不惑，猶閨中待字，因使執贄焉。女公子詩文俱佳，師生時有唱和。一日合肥詣書齋，張對之曰：「女公子不櫛進士也。」合肥笑容滿面曰：「師譽弟子逾量，吾女曷敢當此。」時張年將花甲，續弦之念甚熾，同事于晦若侍郎，以蹇修自任，致詞合肥，合肥欣然諾。張乃剃鬚納采，由西席為東床。好事者以聯嘲之曰：「老女配幼樵，無分老幼。東床即西席，不是東西。」

陸元鼎之糊塗

陸春江中丞（元鼎）撫湘時，問學務公所總辦姚文倬曰：「學務處有學生若干？教習若干？」姚不能答。繼曰：「各省紛紛設立武備學校，獨文備學校尚付闕如，朝廷文武並重，予此次陛辭，已奏明兩宮，擬將湖南高等學校改稱文備學校，僅設經學、歷史、國文、修身四科，為各省倡。一俟擬訂辦法，奏請實行。君速將該校內容，切實調查具報。」姚力陳無此辦法，以去就爭乃已。余初聞人言，以為陸中丞決不至此；三兄紹楠久宦楚，亦嘗聞縉紳先生述茲事，則非無根據也。

瞿鴻禨之機警

瞿子玖協揆（鴻禨），與穆宗有虎賁中郎之似，為慈禧所悅，由詞曹不數年入贊樞機。奕劻以私惡之，卒賄囑惲某以私通報館，洩漏祕密劾之去。有為協揆鳴不平者，謂其事本烏有，奕劻以私憾故，使人造蜚語中傷之。協揆聞而笑曰：「予之顯貴，全憑一付面具。蓋孝欽以貌肖穆宗，遂不次超遷，寵極人臣。今予老而失其似，聖眷之衰，或由於此。」協揆此言雖屬遊戲，然當時奕劻因聞慈禧有令其暫緩出京之命，恐其死灰復燃，以圖報復，密遣親信陽為慰向，陰實探聽。協揆察言觀色，知其來意，故作是語，以示無他。來者果不疑，以告奕劻。奕劻曰：「老瞿言不由衷，即此可見其機警也。」

呂海寰之膽怯

呂鏡宇尚書（海寰），己庚之交，出使柏林，已視事逾半載矣。一日，德官某詣使館，告以彼都人士憤駐華公使之被戕，行將暗殺華使，以為報復。尚書驚失色，乞保護，並求指示防範之策。某曰：「茲事理不應為公言，吾人交誼不薄，難安緘默，望公善自戒備。」先是北京拳匪滋事，駐京德使克麟德為匪所戕害，噩耗傳至柏林，全城人士大憤，集會演說，僉曰：「華人戕我外交大吏，吾人亦何不可殺其使君？」實則姑妄言之而已。尚書得報，一夕數驚，臥榻屢遷，目不交睫，喃喃自語曰：「吾命休矣！吾命休矣！」正紛擾間，其國外務大臣拜訪，奉皇命曰：「敝國人民以哀傷公使故，群起激烈之言，實無不法舉動，致貴使飽受虛驚，予深抱不安。克麟德之死殊為惋惜，曷忍目睹貴使為彼第二！已嚴禁此種非法之集議矣。」尚書始轉憂為喜。翌日，謁德皇稱謝焉。其所親方君牧民為余言。

朱祖謀直言極諫

朱古微侍郎（祖謀），庚子之變，直言極諫，幾及於禍。先是，旨召百官入覲，諭各攄所見。侍郎奏曰：「皇太后（指慈禧）信奸臣，恃亂民以敵外國，今禍在眉睫，乃欲逐眾匪，不知聖上屬意何人辦此重大之事？」慈禧曰：「董福祥可靠。」侍郎曰：「董福祥老奸巨猾，斷不可恃。」慈禧正色厲聲曰：「爾何姓名？何官職？敢肆無忌憚至於此耶？」曰：「臣為侍讀學士朱祖謀，心所謂危，不敢不告，刀鋸斧鉞乃所不辭。」及退，慈禧怒目顧之曰：「你好大的膽。」此事侍郎曾面告鄭叔問中書，余則聞中書所述也。

戴鴻慈之失言

戴文誠公（鴻慈），為清末考察憲政五大臣之一。抵華盛頓，偕端方等謁見美國總統羅斯福於白宮。羅知文誠係中國法部尚書也，問之曰：「聞貴國有改訂法律之議，已實行起草否？」文誠答曰：「此事為侍郎沈家本專責，從事編纂久矣，予自始未過問也。」翻譯者為吾國駐美使某公，將「未過問」一語不提，蓋恐為羅斯福所訕笑也。

唐景崇對待門生

唐春卿尚書（景崇），為卿貳多年，素負開通名。其門生錢某往謁之，坐定，尚書曰：「袁項城甫抵京，約予九點鐘至其宅談話，頃已八點有半，正預備出門，子來不能不見，如有事可簡單先述，日後再為詳談。」錢對曰：「門生專誠恭叩函丈起居，無他事也。」尚書頷首。錢又曰：「升允參劾項城，謂其外負伊、霍之名，內懷操、莽之志。良然良然，斯人他日有殺身之禍，函丈宜遠之。」尚書面壁觀字畫，若勿聞也者，不俟其詞畢，端茶送客矣。

孫家鼐軼事

孫文正公（家鼐）赴張尚書百熙宴，同席林侍郎紹年問之曰：「皇上學識如何？」文正率爾對曰：「天亶聰穎，好學不倦。」語甫終，閽者報翁常熟至。主人邀常熟上座，蓋已虛位以待也。常熟既入座，他客復有以林侍郎詢文正者問之。常熟沉思半晌曰：「上魯鈍，久學無進步。」文正曰：「然。」且曰：「予素不喜舉皇上事語人，承林公下問，不得不答前言，實誑耳。」聞者以兩師傅所言，適成一反比例；文正忽又不認其說，大惑不解。蓋文正固知德宗為慈禧所忌，而悟常熟所言，不無用意，誠恐傳入慈禧耳鼓，於帝於己，皆有不利，遂順風轉舵，取消前說，其機警誠有足多者。

楊文敬公軼事（二則）

（一）

楊蓮府先生（士驤）巡撫山東時，曹州鎮總兵龍殿揚釀成巨變，公怒撤其任，嚴疏劾之，笑對左右曰：「剛毅以龍殿揚為黃天霸，吾以為犬馬不若也。」聞者絕倒。

（二）

公以升任直隸總督入都陛見，偶微行至前門外煤市街，入某羊肉館小酌。時天氣燥熱，公袒裼裸裎，且盤辮於頂，食羊肉二簋、鍋貼三十枚而出。甫及門，值李京卿經楚驅車而過，遙見公，亟下車為禮，訝問胡為至此？公笑曰：「昔隨乃叔文忠公居賢良寺，嘗偕于君晦若等至此宵夜；自身膺疆寄，已久未入都，昨詢人此館尚存未？告者曰：『其生涯鼎盛，不減當年也。』予乃步行至此，但見賓至如歸，喜不自勝，乘興而進，飽啖而出。京師羊肉館亦多矣，彼岑樓巍巍，金額煌煌者，皆徒有其表。此小屋一椽，雖狹隘不潔，而其製作之佳，首善殆無其匹，君不信盍試嘗之！」因邀京卿復入，京卿有難色。公不悅曰：「大丈夫生於天地間，興之所至，何事不可為，進羊肉館豈足為辱耶！」京卿聞公言，不復有異詞，並肩而入，復啖羊肉兩簋、鍋貼念枚，共載一車而回。

那桐軼事（三則）

（一）

那琴軒相國（桐），在軍機處閱御史胡思敬奏劾大學士陸潤庠一摺，出語人曰：「陸大坊兼祧鳳石中堂矣。」聞者愕然，素諗其善謔者，知其言必非無因，請道其詳。那乃述明原因，眾皆笑不可抑。先是，鳳石相國乞假一月回籍省墓，胡思敬疏劾之。略云：身為宰輔，宜如何旰宵勞瘁以報國，乃竟藉名省墓，遊玩山水；其子大坊在京無所事事，何不令其南行？蓋大坊乃陸寶忠之子，同姓不宗，真風馬牛不相及。胡氏既李代桃僵，宜那氏之惡謔，亦可見官場笑話之多矣。

（二）

清末，政府有發行公債票之議，自大僚至微秩，均須先行聲明認購若干，以認購之多寡判定賞罰。那為內閣協理，位高百官，躊躇不決，密商奕劻，共籌規避之策，議決各人以賣產賣物為掩耳盜鈴之計。於是老慶賣車馬，老那賣房屋，大登廣告於報章，以炫人耳目。一日，二人遇諸朝，那責慶不應以不值錢之車馬出售，啟人疑竇，而自詡賣屋為萬全之謀。慶曰：「上若強迫承認，雖宣言賣身，亦復無益也。」相與拊掌狂笑。

那體肥碩，面團團而白皙，都人戲呼為天官臉兒。其一日三餐，每餐例食饅首十枚、紅燉豬肉或牛羊肉一碗，自謂食量宏為永年之徵。

（三）

鐵寶臣尚書（良），某年奉詔校閱江南軍隊，過滬詣製造局，查察鐵廠，見廠內有廢鐵堆積，尚書曰：「如許廢料，何不儲於廢料所？」總辦張士珩對曰：「此種廢料，尚可復鑄，則廢鐵化為新鐵矣。」尚書曰：「予即廢鐵也，安得洪鑪而改鑄之？」言已狂笑，若甚得意者，而張士珩已汗流浹背矣。從侄士豪執役該局多年，親耳此言。

岑春煊軼事（三則）

（一）

岑雲階制軍（春煊），久任封圻，素有任賢弗貳、去邪弗疑之譽。其在粵藩任，劾罷總督譚鍾麟，一時傳為絕無僅有之事。旋公督兩廣，斃廣西巨盜陸、梁二人，注其血於杯中，以飲巡撫柯巽庵中丞（逢時）。柯不敢嘗，公一飲而盡，柯為咋舌久之。

（二）

南海令王某，黠吏也。呈報監犯數目不符，公召責之。王對曰：「首邑繁劇，例行公文皆委諸佐治者，小有錯誤，某不及檢，各省大抵如斯，非僅南海為然也。」公怒叱之曰：「烏是何言？牧令為親民之官，典獄之職責何等重要，忽視之，則所失匪淺。呈報錯誤，咎有應得；設詞諉卸，罪尤難辭。」立即撤任，並罰俸三月，以示薄懲。自後凡縣令之謁公者，公必引王某事以誡之曰：「若以王令為鑒。」

（三）

今海軍中將李準，前廣東知縣李徵庸之子也。以乃父宦囊，納捐為知府。公保以道員令統領水師，以捕盜建大功，遊至水師提督。某游擊，公所參革者也。李任之為幫統，公聞信大怒，令綁拿至署候懲。李懼匿不敢出，迨公怒稍平，始入署請罪。公斥之曰：「某罪大惡極，予本欲置諸死地，以某紳力保故，僅予褫職處分，爾寧不知之而竟假以事權耶？爾為予特保之員，而言行今昔相反如此，若不速悛，定將爾腦袋割下。」李驚惶失措，連呼該死該死而已！外甥岑靜恂為西林猶子，自幼侍乃父慎之，隨西林於陝、晉、蜀、粵眾省。西林倚慎之如左右手，使總掌機要。西林軼事，靜恂多能道之，余所記即聞其所述。靜恂才識兼優，克肖乃翁，昔官皖之無為州，有政聲。

魁斌軼事

睿親王（魁斌）久任宗人府右宗正，兼某旗都統，昏唐不解事，嘗問人曰：「革命黨剪髮辮，四處為亂，是非白蓮教之化名？」某貝子笑作諧詞以對曰：「革命黨者，革吾滿人之生命也。其黨多留學生，無一不牛山濯濯，倘遇之於途，有性命之憂。」魁斌拍案大呼曰：「反了，反了，彼寧不畏王法耶？」

錫良軼事（二則）

（一）

錫清弼制軍（良），軀幹矮小，髯長及腹，治事以鋒厲著。其在滇督任，有轅弁竊珍品而逃，派人追至騰越關，人贓並獲，押解至省。制軍親自訊問，先命左右重笞之，血肉狼藉。制軍皆目正色曰：「賊小子，黑心肝！」語將續，弁大聲曰：「奴才心不黑，肝亦不烏。」制軍愈怒曰：「立剖爾腹驗之，以證吾言。」命左右拖出斬之，剖其腹，刲心肝，以示眾曰：「此青色之心肝，非彼賊小子所有耶？爾輩視之，吾言驗矣。」聞者皆捧腹不止。

（二）

制軍調督遼東，羅致知名之士，故幕府人才稱盛一時。其中以韓國鈞、陶葆廉、王瑚尤見信任。制軍嘗對客指此三人曰：「韓、王、陶三君，予心目中之退之、右軍、淵明也。」

書偽光緒帝事

庚子歲，一偉男子操滿音，隻身至湖北黃州，詣府署，昂然徑入大堂，高據公案，豪氣咄咄逼人。守得報出見，驚異甚，問姓氏、籍貫、職業，俱不答。其時德宗被幽瀛臺，外間喧傳有遁荒事。守久官鄂，初不識天顏，躊躇未敢決，乃護送至武昌。總督張之洞始出撫山右，德宗方在沖齡，自是屢任疆圻，多年未朝覲，一見不能辨，令禁武昌獄；陰囑守令祕密偵察，遍召全城文武百僚辨認。候補巡檢宋某，一見驚失色，亟馳告制軍，謂斯人或是今上，因舉其在京所遇以為證。先是某赴都驗看，一日入宮引見畢，出東華門，誤觸某郡王車，王命從者拘交步軍統領署。某伏地哀免。左右方叱之起，忽見一人乘騎自門出，氣宇天昂，服御華異，王執禮甚恭。其人詢此事始末，揮某起去乃狼狽歸逆旅，即今獄中所見者。

南皮不敢遽信，復親率百僚入獄瞻視。南皮問之曰：「爾何人？當實言，否則雖天潢貴胄，既非我素識，不能任咎。」其人頻以目視眾人，久之，始曰：「予受制皇太后久矣，幸乘間遁出宮門，南行至此，且待時而動耳。」南皮察其言，復觀其色，大疑。姑叩以皇室統系，瞠目不能答，故作咳聲不止。南皮退而告百僚曰：「此人決是冒充今上，嚴刑鞫之，必吐實也。」翌日，其人書一箋曰：「朕在獄甚困窮，著張之洞飭布政司提庫銀五千兩，以應急需。」南皮閱箋大怒，決知其偽，立飭按察司與武昌府嚴刑訊問。遂供為御前侍衛，被逐出宮，貧不能支，思偽託以詐財。不圖計不得行，罪不容誅，乞貸其一死。南皮召集文武各官會議，力言斯人必斃之，但不可上聞。眾贊成，遂鴆其人於獄中。復摭拾他事，將巡檢宋某革職，永不敘用。癸丑冬，余與黃幼農世伯同舟鄱陽湖，世伯為觀察於鄂垣者多年，因以是事叩問。世伯滔滔為語始末，較余所聞於他人者，詳盡多矣。

瀞一曰：觀歷史所載，冒充太子者，屢見不鮮，未嘗有偽託君主，以詐欺取財者。若此人以已逐之御前侍衛，膽敢偽稱光緒，以圖詐財，不有南皮明察，置諸死地，而懲某巡檢以妄言之罪，則其事尚不知胡底？余以是知清室之黑暗，又豈僅一侍衛偽為萬乘已哉！

端方軼事（三則）

（一）

端忠敏公（方）好滑稽，自稱名士，而官僚習氣甚深。友人胡君改庵，己酉自東瀛歸國，謁之於白門，娓娓陳改革政治諸問題。忠敏大為讚賞，俾以金，令至滬創設言論機關。某編輯未悉底蘊，著論痛詈忠敏失政事。忠敏閱後駭異，大發雷霆，立電胡至金陵，嚴詞詰責。胡以疏忽請罪。忠敏曰：「此事君漫不經心，誠難辭咎，姑念前功，從寬免究。報紙自即日始停止出版，容為君另籌位置。」胡返滬，辦理結束，仍如寧候信。久之，消息杳然，頗不耐，央提學李梅庵致催促之詞。李見忠敏，婉達之。忠敏曰：「使之明日來見。」李以告胡，胡如時往。進官廳，已座滿。忠敏一一接談竟，終對之寒暄數語，舉手若端茶狀。胡情急，遂曰：「帥允栽培，敢乞從速揭曉。」忠敏曰：「三日內報命可乎？」胡稱謝而退。厥後三謁三辭，乃又央李梅庵為之疏通。李曰：「吾帥為我言，君於大庭廣眾向其索差事，萬目共瞻，殊難為情。言下有慍色。」胡知事必不諧，遂束裝歸。

（二）

丁未，徐錫麟槍斃皖撫恩銘之案發生，滿大臣如驚弓之鳥，談虎色變，胥有戒心，尤以忠敏為甚。其在金陵，提學使陳伯陶以事進謁。時天氣燥熱，陳俯身向靴囊取折扇，忠敏驚起，狂呼曰：「子勵（陳字）胡為者？」陳抽扇出，徐曰：「持此取涼耳，帥座曷惶恐乃爾？」忠敏赧然復坐，不能出一詞。

（三）

忠敏再出為漢粵川鐵路督辦，宴客於黃鶴樓，酒酣太息曰：「別來八載風景依然。」座中某太史曰：「今制軍端公，較南皮如何？」忠敏笑曰：「莘儒好色，不亞香濤。他均望塵莫及也。」

升允乞休之趣聞

升吉甫制軍（允）以反對憲政乞休回旗，有客彼幕中者云：「其總制陝甘，治事敷衍，嘗曰：『咱是老督撫，不妨依老賣老。』自聞籌備立憲不久實行，即託病乞休，而摺中措詞極為有趣。」告者朗誦全文，余未能盡記憶，惟記其一節云：「臣常忽忽若有所失，目熟視而無睹，耳傾聽而不聞，口鼻尤不辨香臭，粗糲肉糜，啖之而已；又常中夜起立，繞室彷徨，喃喃自語，雖亦服驅邪定中之劑、安神降氣之方，然醫者第能察有象之寒溫，而難喻無形之痛楚。」云云。摺上，詔准其開缺，解組如都。世伯軒相國，宴之於陶然亭，時丁香盛開，升嗅之不已。南皮戲曰：「公不云鼻不辨香臭乎？」升曰：「吾鼻素無病，草奏稿者，為我造謠言耳。」四座軒渠。

楊公士燮軼事

楊味春先生（士燮），昔守禾郡，威惠並著，地方愛戴。上聞公賢，擢巡警道。卸任日，人民僉曰：「安得此賢二千石久於其位！」繼之者滿人英霖，昧於政事，專事掊克，待屬吏尤刻薄。某戲擬一聯云：「楊大人多福多壽，英小鬼絕子絕孫。」恩怨之於人甚已哉！

祥符馮中丞（汝騤），公同年友也。丁未抵浙撫任，道經秀州，公宴於府署。酒數巡，公顧馮曰：「後來者居上矣。」馮曰：「公資深才裕，寧能久屈！」相視而笑。未幾，公迭呈辭職，俱邀溫語慰留。而去志彌堅，復自攜印信邁省，以交於撫院，力請具疏奏於朝，准予開缺歸田，以遂初服。馮氏揖曰：「禾為浙江咽喉，地方夙稱難治。公為守數載，百廢俱興，輿論翕然。吾為國家求才，浙民請命，望公勉為其難。」公不獲已，遂反任。馮乃專摺奏保公才堪大用，有「識量宏毅，遇事不阿，足為遠大之器」語。旨交軍機處存記。初公為滋事面中丞也，武林官場駭異，人人無不為危。及其結果，始悉中丞於公感情素厚，而服膺其才識固非一日也。

公為人輕財仗義，周急濟貧。其戚杜公星生者，前江寧布政使杜公小舫之次子也。跛一足，不良於行，年四十而膝下猶虛。公惻然憫之，與以千金納妾，三年中連舉二子。杜君對余曰：「吾有嗣，味老之厚賜，當銜環結草以報也。」

公在警道任內，有員警畢業生某，面求差委。公注目久視，曰：「似曾相識者！」某對曰：「不肖之父，曩在禾城犯罪應杖，顧年邁不勝笞責之苦，不肖以身代之公憐其愚，薄責而罷。憲恩高厚，愧未能報。」公躍然曰：「君，孝子也，久置閒散，是予之過。」援筆下諭，委為警官，飭科簽稿並送焉。

公豪於飲，一舉十觴，面不改容。徐班侯（定超）常詣公，遵臺諫禮，稱公曰老前輩（公先徐為御史）。一夕皆醉，徐上公以醉翁之號。公曰：「醉翁之意不在酒，予飲酒而醉，醉益思飲，謂之醉公或可，醉翁則殊未當。公有登徒癖，可自承之。」徐固善滑稽，笑曰：「我亦醉公也可！」

公掾屬中陳姓最多，侍者莫辨其名號，往往李代桃僵，張冠李戴。公苦之，戲以老陳、高陳、瘦陳為別，俾按圖索驥。老陳指陳君祖昭，高陳指陳君培元，瘦陳指陳君世棨。

其生具帖拜公門，並呈詩一卷，首句云：「我生有貴相，十指皆箕斗。」及進謁，公曰：「予門下無如君者。」某以為必因見其詩而有是言，倍致謙詞。公笑曰：「昔阮文達為妾作傳，有『生有貴相，十指箕斗』之句，已屬笑謔。君乃剽襲以自誇，尚知人世間有羞恥事耶？所謂門下無如君者，此也。」某面紅耳赤而退。

前杭州佐領貴林，字翰香，藉辦報為名，向官署求助，以裕囊橐，公鄙其為人，適署中有差弁林貴者，公出一聯以徵對曰：「貴林林貴都不貴。」余對曰：「富文文富烏有文。」富文，係奉天某城守尉，今著名坤角青衣富竹友之叔；文富則湖南道員，增子固撫浙時調用者，均目不識丁也。

公兼任禁煙總辦時，署中委員楊鶴生、鮑湛、于斌、趙翰芬、姚緝熙、嚴邦模，有人密報此六人均吸食鴉片。公令入調驗所，以明真相。事畢，確無煙癮。公謔曰：「洋鮑魚（楊于與洋魚同音）並無毛病，造謠言者（趙姚嚴與造謠言同音）可以休矣。」聞者莫不捧腹。

庚戌秋，美國觀光團遊杭州，以觀錢塘江潮為目的。地方官事先會議招待辦法，交涉使王某主張備馬若干頭，使西人乘至江邊。公反對曰：「外人善騎，固所深願。惟無知愚民，見多數西洋男女乘馬於途，勢將蜂擁以為奇觀，頑童拋磚擲瓦，更屬常事，必至滋生事端，自以肩輿為妥。」中丞以次皆贊成，而王尚固執己見，刺刺不休。公正色曰：「君又想升官耶？」王始默然。蓋其得交涉使，乃因人民毆傷日商一案而起也。

公與先君交彌篤，先君卒，公哭以聯云：「君乃天下第一好人，而不長壽；我於海內無多知己，何以為情。」

公晚年誕一雄，名曰毓璪，字曰榮川。舊交朱觀察榮璪入賀，問命名為何？公掀髯笑曰：「將尊名拆開為二矣。」朱知公雅好詼諧，一笑報之。

紀貽谷父子

李惺吾閣學為余言，貽谷以綏遠將軍侵吞墾務，褫職入獄，懸案久不決，乃百計運動行賄，以圖推翻。法部尚書滿人廷傑好貨，有向充書辦李永諧之妻，受傭於其宅善詞工媚，深得廷夫人歡，凡夤緣賄託之事無一不經其手。鍾岳者，貽谷之子也，諗知之，遂與之說合，先與金二千，約俟反案，以五萬金為酬。未幾，廷傑卒於官，左侍郎紹昌繼之。紹固查辦斯案大臣之一，深悉底蘊，抵任第一聲，即判決貽谷為有罪，遂有戍邊之譴。而李婦竟持支票赴大清銀行取款，該行堅不肯付。李夫婦面鍾岳要索，聲色俱厲。鍾岳為先發制人之計，繫送之警廳。中途男女皆逸，知勢非鍾敵，徑往地方審判廳控告，和盤托出，大有同歸於盡之概。鍾岳大懼，急詣廷傑之子求救，謂此案與尊甫有關，彼此均將有不測之禍。廷子惶恐。呼籲於婦翁那桐之前，那拒之；更使婦哭訴於乃父，不允不休。那不得已，就御史瑞賢密謀，授以機宜。瑞承怡上摺奏參，指李夫婦為著名之痞棍；復羅致多人，均加以罪名。而於鍾岳謀反其又貽谷一段祕密，一字不提。結果則李夫婦等俱獲罪焉。

善耆拿賭

肅親王（善耆）為民政部尚書，以勤於治事稱。都下賭風甚熾，自王公至負販罔不樂從。善耆嘗親督警吏，四處搜索。載振、載摟等幾無日不在賭場中，善耆尤怒，探悉賭窟所在，夜闌更深，率察徑捕。至則男女老幼，肩踵相接，王公卿相、夫人小姐、娼妓優伶，色色俱備。眾見善耆至，皆面如死灰，紛紛鼠竄。更有無賴二西人，舉手槍相擬，善耆富有腕力，舉手執之，飭警押送於其本國使館究辦焉。一時都人士群呼善耆為拿賭大王。

載澤之善計

鎮國公（載澤）與奕劻、載灃、載濤、載洵，有五大財神之目。其妻為承恩公桂祥之女，隆裕后之娣也。常出入宮闈，隆裕后以所積之金若干萬，交其授與載澤，發放銀號生息。載澤以如許金錢，非儲蓄外國銀行，不足以昭鄭重，惟不可示真名，囑福晉以此意告姊。隆裕后稱善，乃託某尚書為權子母，以其代為存主；另委一善鉤稽者，向某尚書每月結算一次。有人云某即盛宣懷也。

趙爾巽軼事（二則）

（一）

趙次珊制軍（爾巽），待屬吏素嚴劾，某撰一聯諷之曰：「爾小生，生來刻薄；巽下斷，斷絕子孫。」制軍見之，易曰：「爾小生，生來秉性；巽下斷，斷不容情。」

（二）

辛亥春，由蜀督調任東督時，端湲陽被議居京，抑鬱不樂。制軍往拜之，端見面即曰：「送禮帖子寫好否？」制軍愕然。端笑曰：「謹具東三省土地人民政事孝敬日俄兩國也。」制軍曰：「如此厚禮，愚兄擔不起，這擔子保舉賢弟去送如何？」端急亂以他語。

鄒嘉來之趣史

鄒紫東尚書（嘉來）目短視，而口素不潔，臭氣逼人。其任外務部侍郎時，赴德使其晚宴，同席者袁項城、梁崧生外，有英、美、法、日、俄、奧、意、比等國公使。鄒座左依法使，右鄰比使，兩使皆時作掩鼻狀。法使且頻搖其首，若表示不堪聞此臭氣者。鄒覺，卒然曰：「嘗聞西醫善治胃病，有指予胃火上升，為胃病之證。實則口中略有異味，曷胃病之足云？」袁、梁大噱，即通曉華語之各外人亦無不掩口葫蘆。

載振逸事

貝子載振，奕劻之長子也。某歲奉詔赴東三省查辦事件，東督徐菊人，集文武百僚設宴為之洗塵，珍肴羅列，應有盡有。載振飽啖，欣然曰：「安得此佳廚？」徐曰：「此今（金）頗（張錫鑾字）之庖人所製也。」張接言曰：「貝子爺以為適口，明日當令其精製數色呈進。」載振曰：「善。」翌日，遂致送一席，所費逾百金。是日，載振宴徐等於行轅，張亦座客之一。席間，張曰：「頃飭差送筵至，貝子爺嘗之如何？」載振曰：「微君言，予幾忘食，且忘謝。」即起身向張一揖，命左右諭膳房速溫之以進。饌入，載振啖之，以為不如昨者之美。徐督和之，餘皆面面相覷，不贊一詞。張窘甚，以廚役不免弄巧反拙，致歉忱，然終懷疑莫釋。旋知係未與受者之庖人以金，彼不樂，將所有剔其精華，參以陳腐，致滋味全失，而載振不知也。祝君芷生，時充載振隨員，目睹此，以告余。且曰：「載振之庖人，已面團團作當翁矣。」

載濤之劇癖

貝勒載濤，奕譞之三子，載灃之胞弟也。習俳優，演《盜御馬》、《金錢豹》等劇，有楊俞之稱。居恒集家人串戲，間或使僕婢充數，實行男女合演，自春徂冬弗輟也。老福晉患病，載灃入視，濤聞之，亟奔入內，牽其袂曰：「黃鶴樓缺一角色，二哥為周公瑾可乎？」載灃曰：「吾不能為雉尾生，弟寧不知之。」老福晉拍床怒曰：「我病如此，爾猶酣歌恒舞以取樂耶？真全無心肝矣。」濤乃垂頭喪氣而出。

載洵之笑史（二則）

（一）

貝勒載洵，奕譞之四子，載濤同母弟也。昔偕水師提督薩鎮冰赴美國考察海軍。抵華盛頓，參觀艦隊及各製造廠畢，海軍當局問之曰：「賫使有何意見發表否？」洵答曰：「很好。」翻譯周自齊，譯稱曰：「貴國海軍精良，足資敝國模範，毋任欽佩！」聞者大譁，皆以周善詞令，巧於掩飾，而顧全載洵之體面。蓋載洵僅一張口，決無如許話也。

（二）

載洵過紐約，召妓歌以侑觴，醜態百出。席終，以厚若寸許之鈔票一束與妓，妓笑而卻之，洵大窘。次日，報紙喧騰，且繪圖形容盡致，真自取其辱耳。

盛宣懷軼事

盛為郵傳部尚書，與載澤昵比，聲勢赫奕，歸之者如市。雲南某太守，以內用入部，攜帶宣威火腿無算，分贈權要，盛亦在其列。禮簡大書特書宣腿一對，盛閱之大恚曰：「太無忌諱。」碎其簡，飭僕將物擲還。一時官場有盛宣懷怕食宣腿之謔。

陳璧之懼罪

陳玉蒼（璧）為郵傳部尚書，舞弊營私，聲名狼藉。御史謝遠涵糾參之。疏入，旨交孫家鼐、那桐查辦。陳大恐，日夕繞室行，如醉如癡。適孫、那復奏，部議革職，尤不自安。其鄉人林侍郎紹年問以故陳曰：「吾不畏琴軒相國，吾實畏壽州中堂。」為語其昔日查辦江南銅元局一案，曾舉發該局總辦潘耘孫之贓私，潘受褫職，籍產處分，其人乃壽州之東床，疑未忘潘事，或將圖報，發其覆而籍沒其財產，故不寒而慄。蓋其查辦斯案，納賄頗不貲也。

榮慶與劉廷琛之議論

榮華卿（慶）任學部尚書，與京師大學校監督劉廷琛議論科學。榮之言曰：「算學教員薪水較國文教員為昂貴，此科無益學生，大可廢止。誠以學生既經畢業，一朝為官，自有帳房辦理收支，何勞躬親其事。」劉曰：「公言是矣。吾以為體操一科更應裁撤，所謂兵式、柔軟、跳高、競走等名目，既非若兵士之臨陣打仗，又非如術士之江湖賣技，實無益而有損也。」榮曰：「誠然。」二人之言可謂無獨有偶矣。

馮汝騤之嗜好

馮申甫中丞(汝騤)官部曹，酷嗜京師之燒餅、麻花(南人曰油炸檜)，晨興必飽啖，日以為常。迨一麾出守，知南方不可得此物，乃僱一善製者隨任。初食之尚覺可口，然終以為不如長安市上之佳。其在浙撫任，派親信航海入都，定製燒餅、麻花若干，裝入竹簍。及返，燒餅硬如石，麻花軟似棉，殊難於下嚥，而馮甘之如飴，嘗曰：「惜無緣內遷，使相依為命之燒餅、麻花日食其新鮮者耳。」聞者詫為奇事。

沈瑜慶之掛冠

沈愛蒼中丞(瑜慶)為贛布政，與撫軍馮汝騤不睦。馮以洋務局離撫署咫尺，使兩愛妾居之，以諮議局改作洋務局。中丞聞之，殊不為然，面馮質問，謂：「諮議局為代議機關，煞費經營，開幕伊邇，胡可易為交涉處所，啟人民之猜疑，貽外人之恥笑？」馮怒曰：「此予之特權，非藩司所能幹預。」中丞亦怒曰：「騰洋務局藏嬌，置諮議局不顧，阻撓憲政，荒淫溺職之罪，百喙莫辭！」遂不歡而散，卒掛冠歸里。輿論稱之。(按中丞再出為貴州巡撫)。

王存善之叫罵

王子展觀察（存善）久官粵，李瀚章、譚鍾麟先後為粵督，均賞之。一身兼任十數差，腰纏甚富，粵人戲呼為王半城，可概見矣。其任南海令，嘗微服出城私訪。一日，黃昏始歸，及城門，守者不知其為邑宰，詰之。王飛步直前，狂呼曰：「我乃首縣王某，竟不識耶？」守者始笑面迎之。王怒曰：「蠢爾奴才，竟不知若是王子展，王、王、王、王八蛋！」其聲洪亮而急切，遂不覺王字連貫而下，聞者皆忍俊不禁。李君秉安為余述之。君為勤格之文孫，其時隨侍乃祖於粵督任者也。

梁鼎芬之洩憤

梁星海廉訪（鼎芬），由武昌府知府洊擢至按察司，恃張南皮之寵任，大權獨攬，同僚切齒。某君戲擬一聯一額以諷之。聯云：「一目當空，開口便成兩片。念頭中斷，終身難免八刀。」額云：「樑上君子。」梁見之，怒不可遏，欲得其人而甘心。旋探悉係門生尹亞天所為，報以一聯一額。聯曰：「有心終是惡，無口豈能吞？」額曰：「伊內偷人。」造句兩俱佳妙，然皆謔而虐矣。

毓朗不滿意留學生

貝勒毓朗為軍機時，見國會請願團代表多留學生，怒曰：「妖黨。」人問之，蹙眉曰：「他們口口聲聲事實法理，實則無法無天。咱昔年渡東洋考察政治，適學生與蔡鈞大起衝突；咱以國家體面攸關，婉勸學生含怒靜待解決。向眾長揖，盈千累百，竟無一人回答。狂暴放恣，目空一切，言之猶有餘痛。試問他們如何夠得上做立憲國民？」

壽耆之記憶力

壽子年尚書（耆），為癸未榜眼，讀書過目不忘。凡事雖經多年，猶能語其顛末，記憶力之強健，為青年所不及。在理藩部尚書任，接見庫倫辦事大臣延祉，問之曰：「蒙古活佛共有幾何？」延曰：「是烏能記其數之多寡。」尚書笑曰：「君久官斯土，胡云不知耶？」延亦笑曰：「理藩部職官若干人，公能舉其數否？」尚書曰：「安得不知。」歷數郎中、員外、主事、司務等官之姓名、籍貫，各若干人。語畢命侍者向司取一職官表示延曰：「公試覽之，於予言符合否？」延唯唯。告者謂壽延為總角交，常相戲謔，此其一端也。

桂春之無知識

桂月亭（春）受載灃之知遇，由倉場侍郎一擢為民政部尚書。詔下，輿論譁然。某年月日，潤貝勒府客廳几上陳設之珊瑚樹兩株、玉如意一具，被穿窬竊去，報區緝犯。桂以貝勒府第警衛森嚴，樑上君子何由而進，立傳內城巡警廳丞吳籛孫至，嚴詞申斥，令飭該管警官限三日內人贓並獲。及期，案未破，而警廳呈請展限之公文到部。桂閱竟，拍案曰：「違警。」且顧左侍郎烏珍曰：「警吏不稱職，依違警律第幾條處罰？」烏笑曰：「官吏溺職，有懲戒之法在於違警律何涉？」桂嗒然若喪。丞參以下聞之，俱嗤之以鼻。

龐鴻書參案中之瑣聞

龐絜庵中丞（鴻書）撫黔有年，御史劾其兩耳重聽，昏聵溺職。旨交雲貴總督李經羲查辦。李派道員郭燦馳往貴陽密查。龐與郭同年，有宿好，聞其來，招之入署，屏左右密談，忽大聲曰：「予平日恒見妾婢交頭接耳，說短道長，聽之爽然。御史偏要指為兩耳重聽，豈非冤枉，君如不信，可喚他們出來試驗一回。」郭曰：「公不作是語，已知御史所言為虛構。」龐拍手喜曰：「君真我知己矣。」郭小住返滇，稟覆文中僅言龐撫精力尚強，右耳現有微疾，無礙詢事考言，何至如原奏之兩耳重聽。李據以復奏，詔免其置議。

毛慶蕃與夫人

毛實君方伯（慶蕃），一度為上海製造局總辦，事事撙節。一日方伯見廠外巨木堆積如山，立傳該管委員，告之曰：「此木可解作修船之用，不必另購，多所耗費。」委員曰：「此專備製作船桅之料者，無解之之理。」方伯不悅曰：「此廢料亦珍如拱璧也？宜從吾言，速解之。」不三月用罄。偶與夫人語及此，夫人太息曰：「君斯舉誠大錯矣。例如君購綢緞為我作衣料，雖不急製衣，決無碎之以作鞋襪之理；則巨木之不應解而修船，明矣。」方伯大悟，如夢初醒。

陳夔龍親送女學生

陳小石制軍（夔龍）有一女，工詩善繪事，以疾沒於蘇。制軍伉儷哭之慟，為誦經一月，以誌哀思。戊申秋，湖北女校考送女生二十名，入北京師範學校肄業，制軍躬親送行。女生中有金瓊仙者，才媛也，賦詩為別。制軍閱之，深為嘉許，返署示夫人。夫人閱畢，垂淚沾襟。制軍異而問之。夫人曰：「吾愛若在，當可代君執筆唱和，必不亞金家女子也。」制軍因亦放聲大哭。鄂諸喧傳，以為談資。從兄嗣樵，時有事武昌，見金女士五律二章，為余背誦云：「萬里浮滄海，輕裝入帝都。送行勞節鉞，別淚灑江湖。雲路聯鴛侶，天池集鳳雛。二南遺教在，珍重向前途。招士黃金館，於今到秀娥。宮中有堯舜，海外少風波。報國從今始，知書自古多。臨歧採芳菊，一為使君歌。」吐屬雅潔，宜為穎川所賞。

張人駿反對袁項城

張安圃制軍（人駿）之長子允言，與袁項城之長女結朱陳之好。自項城為總統，制軍嘗切齒曰：「袁世凱欺人寡婦孤兒，以取天下，其罪視曹孟德尤過之。」公子順承意旨，常託故不見項城。婦以夫故，亦鮮寧家。制軍喜曰：「此佳兒賢婦也。」公子於民國屢筦榷政，洪憲朝敘官少卿。所親多人詣制軍拜賀，制軍愕然曰：「吾家無喜慶事，何賀之有？」眾以哲嗣敘官對。制軍掀髯笑曰：「項城為牢籠人心計，異想天開，俾百官以卿大夫士之頭銜。小兒無知，入其彀中。諸君為余賀，徒滋愧怍耳。」

王埒有自知之明

王覺生侍郎（埒），書法學山谷，求書者絡繹於門，商人尤多。終年所書招額逾千件，而楹聯條幅等倍之。都人有「有額皆書埒，無腔不學譚」之句。有勸之訂潤格以示限制者。侍郎曰：「予好書，非貪錢；若要錢，則人皆裹足不前，予字之傳亦不廣也。」

定成不喜新名詞

定鎮平（成）為大理院正卿，固不知法律為何物。民科推丞許受衡，刑科推丞王式通，亦皆門外漢，而笑話乃不可勝數矣。舉其一端言之：外省審檢廳有疑義，電院請示解釋者，向由畢業生出身之推事，或小京官擬答覆稿。定見滿紙日本法律名詞，蹙眉曰：「中國法律，偏要引用東洋奇怪的名詞，殊屬不成事體。」爰諭各員曰：「嗣後擬稿，毋得援用日本法律名詞，違者懲辦。」眾唯唯而已。

書程贊清

程輔堂刺史（贊清），以布衣納粟為知縣，出宰浙江。初任海寧，繼調秀水。錢塘、海寧為舊杭州府屬，劇邑也。其為宰是邑，頗有聲，旋以丁憂開缺。既卸任，尚持服署中，俟擇期扶櫬歸里。繼之者，皖人余某，庸懦寡斷，抵任未浹日，鄉人以報荒為名，聚老幼數千人，各執一香跪於縣署大門，宣言非得正當解決不散。初不知新令尹別有行館居署中者乃舊令尹也。程聞信即飛報余，請其即刻往。余懼，自後門進，謀於程。程躍三尺高，頓足大呼曰：「此等細事，乃公一言便揮之使去耳。」遂披孝服而出，跪於眾人之前曰：「諸君宜即歸家，聽候處置，不可要脅逾分，自取咎戾。」眾知其為前任，理不應與政事，均置若罔聞，而蓋憤新任之避匿不面，勢將蜂擁入內。程變色曰：「諸君如有暴動行為，不依吾言歸去，吾即死於階下，隨阿母於黃泉也。」眾始大驚，懼釀命案，相率而歸。程入內，喜對余曰：「眾散矣，乃公手段如何？牧令不易為，君程度尚淺也。」余慚而謝之，惟終不以其舉動為然。

壽勳之言論

壽勳，蒙古鑲黃旗人，久任陸軍部左侍郎。嘗曰：「改良軍制，自淘汰出身行伍之統帥始，然後易以知書能文之士，如先朝重用曾、左、胡、李諸人，方足平內亂，御外患。若留學畢業生，僅可任以下級軍官，使之為將，則此輩素醉心革命，一旦兵權在握，鮮不倒戈相向。惟午樓（蔭昌字）尚書，雖學於柏林，久綰陸軍，老成忠耿，洵國家干城之寄，不才自慚弗如遠甚，未可以其為學生出身而非之也。」時蔭昌方為陸軍部尚書，壽固不喜其人，然憚其權勢，不得不作甘言以媚之。此壽勳之所以為壽勳也。

劉麒祥之迷信

劉康侯姻長（麒祥），以觀察為江南製造局總辦，勤於治事。總督劉坤一疏薦為滬道，日久消息杳然。康侯素迷信，有疑問必決諸卜。以茲事之得失，問牙牌數，課云：「朝暾熊熊，過半忽逝。魯揚揮戈，千古奇事。」殊難索解。迨簡魯伯揚之詔下，輿論譁然，臺諫嚴章彈劾，劉江督不准其赴任，始恍然以為靈驗。輒舉此告人，風會所趨，賢者不免。余於康侯何責焉！

趙之謙受騙

趙撝叔太守（之謙），久官贛，書畫均臻上乘。同寅某觀察，以新瓦刻古文搨以示之。太守以為絕佳，援引《古金石成考證》一篇，持以示某。某笑曰：「此贋物，予以戲公，不意公竟信以為真。」出瓦示之，太守且笑且慚。此聞諸吾邑楊平可孝廉者。

于式枚之謔詞

于晦若侍郎（式枚），好嘲弄人。社會喧傳之「男女平權，公說公有理，婆說婆有理；陰陽合曆，你過你的年，我過我的年」，侍郎手筆也。既辭參政，乃作遊戲詩若干首。余記其三首，其一云：「左手搖鈴黎宋卿，對面坐著李斐君。都說觀望袁樹勳，胸藏軍艦薩鎮冰。」其二云：「怕打官司姚錫光，總統旁邊站蔭昌。辦紗開礦有謇張，吐露吞雲算鎮芳。」其三云：「袖藏骨董熊希齡，商會要買宋煒臣。袁黨也有孫毓筠，什麼法律王世澄。」以上諸人名皆參政，一句一諷，窮形盡相矣。

胡思敬之倔強

光宣之交，諫垣中首推三趙一江，有三霖公司之稱。繼起者，以胡思敬為最有聲，其劾端浭陽罔利行私，奸貪不法一疏，能言人所不敢言。有句云「自光緒以來，政尚寬大，上下師師，習為軟熟圓美。言路彈章，必陰伺朝廷已厭之人而後敢發；疆臣覆奏，必密揣政府私受之意而後敢陳。狐死兔悲，官官相護，無論如何狼藉敗露，棄此一官，了無餘懼，水懦易玩，傷人實多。論今日疆吏之寄，莫要於南洋；論近時大吏之污，莫甚於端方。以至污之人，膺極重之任」等語。可謂倔強矣。

袁世凱軼事（四則）

（一）

袁前總統（世凱），隸吳長慶將軍部下時，有武弁某毆傷韓人，公執而將殺之，將軍乞貸其一死。公佯諾之，以案上圖書請吳閱，潛出斬之，入而請罪。將軍曰：「執法固應如是也。」因恒戒其在營執事之親族，謂：「不可犯法，苟犯法，袁慰廷不汝恕也。」

（二）

有兵士數人，強入民家吸鴉片，公斬之，以頭示眾，曰「效尤者視此」。各營兵卒大嘩，秘議咸稱煙癮甚深，不能為役，請給資遣散。有密告於公者，公備刀索以待，至則縛而戮之。後來者皆畏死，如鳥獸散。吳提督對公曰：「君果能一一執而殺之耶？」公曰：「示威必不敢前，示怯必蜂擁至。若果全體俱來，將盡縛之，按名刑訊，認癮者殺毋赦，不認者寬釋之。僅殺一二人，餘皆不敢承認矣。」吳頷之。

（三）

公自朝鮮出奔，經新義州，渡鴨綠江，止息於鳳凰城，裘敝金盡，狼狽不堪。其時錢塘張錫鑾和鳳凰廳事，迎之入署，款待周至。公亟欲入都，而阮囊羞澀，以緩急為請。張慨然出紋銀五百兩為程儀，曰：「是戔戔者，聊為欽使壯行色耳。」公彌感之，約為兄弟。迨公為總統，於張不次超遷，所以報之者良厚。張任東三省將軍時，有訐之者，公曰：「金波一生謹慎，從無過失，予不能輕信人言而去之，矧予非忘恩負義者耶。」

（四）

公有姊適張中丞汝梅之長子某君。某蚤卒，一子年弱冠，張夫人以弟貴為元首，思為子求官。甲寅冬，摯之入都，見公述來意。公曰：「予為財政當局言，任以淮安關監督如何？」（張府寄居淮安，故有此意。）張夫人曰：「稚子不解事，且初出茅廬，烏能勝榷政之重任？予意得二三百金之事，而此子足勝任愉快者可矣。」公乃諭某內史作書，傳諭薦於滬寧鐵路局長鍾文耀，聲明事須簡而薪須多云。張君午岑曾以是語余。君為中丞次子，而親聞諸其嫂者也。

徐世昌軼事（二則）

（一）

徐菊人先生（世昌），昔以孝廉館汴之項城縣署。一日，往遊袁氏別墅，閽者阻之，若弗聞也者，昂然徑入，至仰山堂。是為項城讀書所居，時方執卷朗誦。徐進室，向之一揖。項城起立還揖，延之上座，訝問：「客從何處來？」徐詳告之。坐談良久，慷慨論天下事，互相傾服，遂訂交。徐返署，對令曰：「吾今識一人，他日必成偉業豐功。」令詢何人？徐大聲曰：「項城袁世凱也。」

（二）

先生任國務卿時，閱張勳保薦人才呈文，請以道尹記名者十餘人。戲曰：「某也卑卑不足道，某也妾婦之道，某也道其所道，非吾所謂道。」聞者大笑。蓋其中有一係差弁出身者，一則獻妓與張為妾者，一則先生於東督任內揭參褫職者。

唐紹儀之闊綽（三則）

（一）

唐少川先生（紹儀），素有闊綽名。居官宴客，仿西人例，每客一菜。偶有不速之客來，必令庖人添製，庖人則就固有之料騰挪塞責。先生知其取巧，乃曰：「每日應備菜若干額，宴會則數倍之，即不食亦如值以償。」庖人固狡黠，有時客少，菜亦多備，久之腰纏累累矣。

（二）

先生為奉撫時，某太守服青狐素袍褂往謁。先生視其衣曰：「君為官多年，豈無一件好衣裳耶？」太守曰：「是固佳者。」先生頻搖其首，以示不然。乃發篋出貂皮外褂一襲贈之曰：「關外苦寒，聊御風霖，亦可稍壯觀瞻也。」太守固辭不獲，始納而謝之，出語人曰：「中丞真闊綽，以予所御價值數百金之狐裘袍褂為未佳，乃與以貂裘外褂一襲，洵足大出風頭矣。」

（三）

先生居津，入市購物，見某洋行陳列新式銅床，花樣奇巧，光耀奪目，酷愛之。問價，店役對以自百餘金至二百餘不等。先生曰：「如此價廉，物未必佳。吾昔在華盛頓購此一具，費二百金元，彼都人士猶以為非上品。」語至此，店役知係闊客，乃變其詞曰：「尚有一值三百餘金者在，先生盍一觀優劣，以定去取否乎？」先生察視四周，頷首曰：「此具差可。」給價購之。其實值僅百餘金，以形式稍異，店役詭詞以蠱之，先生罔知，受欺也。

楊士琦之文采

楊杏城先生（士琦），居恒言笑不苟，竟日端坐閱書，無惰容。不事交遊，朋儕酒食遊戲相徵逐，不與也。工詩古文詞，尤喜作「詩鐘」。於《世說新語》愛不忍釋手，居官與居家均樂此不疲。比出資校刊，其自序云：「予少習帖括，兼弄詞翰，頗涉獵群籍。於史喜《通鑒》，於詩喜工部、玉溪、臨川、遺山，於小說家言喜《世說新語》。自佐幕府為朝官，日與官文書為緣，業稍稍荒矣。顧嗜懶成癖，不能事交遊徵逐。公退輒手一編自娛。雖以多病，間及《靈樞素問》、《本草》諸書。然向所喜讀者，仍時時省覽勿輟也。而尤以《世說新語》所得為多，蓋其紀述言行，宏博簡要，有類於史；其為語雋永元妙，有類於諸子；其文爾雅可玩味，足以為詞章之助；而其旨趣淡遠寧靜，不言性理，而儒、佛、莊、老之微言精蘊，時有所發明，尤足以藥躁妄，勵風尚，則又有益於世道人心之書也，小說云乎哉！嘗發斯義於吾友仁和王子展，子展深韙余言。乙卯子展來京師，出斯編為贈曰：是書自王世懋刪補後，讀者頗以為病。茲刻蓋吳興凌初成以所得馮開之秘藏，劉須溪、劉應登兩家批本付雕者，與袁褧所刻放翁本，同為原書。而以王氏所刪補者附於後，殆為完書矣。余大喜，亟受而藏之。比客居津門，日長多暇，乃躬自讎校，重付剞劂，以廣其傳。惜乎子展已前歸道山，不獲與參訂之役，與予上下議論如曩時也。」

公為聯語，嘉者，筆不勝紀。余所記憶者，有輓孫文正公（家鼐）云：「事上也敬，行己也恭，杖於朝，杖於鄉，允矣君子；和而不同，群而不黨，能為師，能為長，所謂大臣。」又輓袁海觀制軍（樹勳）云：「敵國涕洟多，回思天寶年中，滄海橫流今剩我；舊交零落盡，歎息貞元朝士，此江不渡更何人？」

汪大燮軼事

汪大燮字伯唐，浙江杭縣人[1]。昔官郵傳部左侍郎，因滬杭甬鐵路事與湯壽潛不睦。一日，沈子敦尚書設宴於私宅，汪為客之一。座中某京卿譽湯淡於仕進，舉一辭兩淮鹽運，再辭滇按察，三辭贛提學為證。汪憤甚，詈曰：「這個王八蛋，沽名釣譽。」某詰之曰：「若罵誰？」曰：「罵問我者？」某大怒，舉杯碗擲之，中汪肩，羹酒淋漓滿衣袂。座客皆起而勸解，卒不歡而散。越日，汪衣冠整肅，詣某謝罪，為言：「今晨往拜湯氏，閽者傳語曰：『主人有事不見客。』名刺璧還，敗興而返。席間聞公言，不覺憤從中來，惡語隨口而出。罪甚！罪甚！」某憬然，亦向汪謝過。

1 汪大燮，浙江錢塘（今杭州）人。曾任北京政府外務總長等要職，並曾擔任臨時國務總理。

汪以參政院副院長代理主席。某參政素稱頑固，向不看議事規則，誤認汪為黃陂，發言時呼副總統不置。汪曰：「黎院長今日未出席，由我代理主席。我就是汪伯唐，依院法，君可稱議長。」四座譁然。

汪於前歲抱鼓盆之戚，扶柩南歸杭州，為故夫人誦經於昭慶寺。巡按屈文六派巡警終日追隨，汪以為苦，佯對警士曰：「我非革命黨，可不必纏繞。」警士曰：「屈使有命，嚴密保護大人，弗誤會。」汪又曰：「六橋三竺，為我生長之地，鄉人無與我為仇者。希告屈使，自明日始，取消可耳。」

孫寶琦好書

孫慕韓先生（寶琦），最喜臨池。炎夏見人持團扇或折扇而無字畫者，必奪去大書特書。人以其為顯要，多將順其意。有稱畢肖東坡者，則不免恭維之詞，而言不由衷矣。

馮國璋告誡學生

馮代總統（國璋），昔任貴胄學校總辦。諸學生以系出天潢，意氣驕傲，偶因烹飪未善，聚飯廳擲杯碗，狼藉滿地，復毆傷庖人。公傳首者至，則載澤之侄溥仁等數人。公曰：「今日之學生，即他年之師表。予在學生時代，但知埋頭讀書，他非所問。諸生乃天潢貴胄，自應明禮讓。庖人不良，可告庶務委員易之，何必滋生事端而後快耶？其理由有以語我來。」諸生噤若寒蟬。公曰：「今者不咎，再犯不恕也。」

余誠格之陳情表

余壽平中丞（誠格），事親至孝，屢因父疾辭官。其辭桂藩一摺，友人葉君竺三曾抄錄以示余曰：「此家外舅手筆也。」余讀而藏之。其詞曰：「自念待罪諫垣，久承殊遇，一麾出守，何敢辭難！既至左江，日親師旅，清鄉翦匪，首尾三年。仰託廊廟威福，疆臣謀畫，剿撫互用，粵亂敉平。自顧何功，三遷迭荷！方謂桂林山水，藉可娛親；藩翰光榮，差能養志。既為子為臣之兼盡，幸一勞一逸之相償。何意衰親不宜炎土，日視醫藥，懼曠職司，乞假送親，情非得已。

自還鄉里，親疾較痊，而甫從肩輿之遊，已滿蓴菜之假。夫親年八十，本懼多喜少之時；粵路七千，非朝發夕至之地。耄期新癒，恐因遠別而傷心；高宗御批，復以終養為不孝。誠格弟兄終鮮，廁牏躬親，欲住則曠官，欲去則不忍，事無兩全，心攢萬慮。先是身履兵間，積受霜露。既膺不次之擢，益殫夙夜之心，不自惜其精神，已隱滋乎疾疢。今以出處不定，昕夕焦愁，牽動從前寒濕諸疾，筋骨酸痛，飲食銳減，臥不安席，形似怔忡。醫家皆云勞慮傷脾，法當靜養。夫辦事恃精力，尤恃心思。若心懸兩地，力疾到官，不惟有進退失據之譏，更恐抱君親兩負之疚。」云云。中丞以能文稱，此作纏綿愷惻，足見名不虛傳也。

湯壽潛軼事（三則）

（一）

湯蟄仙先生（壽潛）樸實無華，出恒徒步，毫無官場習氣。昔居武林，草笠布屨，衣衫樸素。詣撫署拜撫軍，甫入門，衛兵叱之曰：「爾何人？到此何事？」先生出名片示之，語以來意。衛兵乃導入招待室。巡捕見先生，揖請上座。俄頃中丞出見，談笑甚歡。及辭，中丞出送，顧從者曰：「湯公轎子何在耶？」先生笑曰：「予徒步至此耳！」

（二）

先生於辛亥歲任浙江都督，衛隊管帶朱瑞，請兵三千會攻金陵。先生躍然曰：「壯志可嘉。」立飭師旅挑選勁卒，使其統軍即日出發，遂有天保城之克復。迨朱奏凱旋，先生已歸田矣。

（三）

先生晚年大反厥行，有聲色之好，家人以為不祥。杭垣有暗娼名九花娘者，豐肌玉潔，嫵媚動人，先生殊為傾倒。旋九花娘易名潘弟，遷滬賣笑。先生每月一至，流連數日，以續舊歡云。

張謇之戲言（三則）

（一）

張季直先生（謇），好作諧語，出言成趣。科舉時代，戲對其西席某曰：「君名場蹭蹬，蓋屁股未嘗紅腫耳！」某大駭，面有不豫色。先生曰：「君毋駭，君不聞板子頭上出狀元之語耶？予髫齡，好登山遠眺，竟日始歸。師以翹課嚴責，必令露體受笞。予彷彿憶之，其數不在庚子賠款下也。」某適午餐，而飯噴矣。

（二）

先生，項城之師也。尺箋往還，項城向以「夫子」稱之。既顯貴，改稱曰「季老」。迨為元首，更易稱為「季兄」。先生以書詰之曰：「公之地位逾高，對某之稱謂亦逾卑。師降為老，老易為兄，不知兄又將變為何？」項城不能答。

（三）

項城之稱帝也，先生苦口諫之。項城慚而言曰：「予意明代後裔為帝最宜，國民或不反對也。」先生笑曰：「然則今日總長之朱啟鈐、將軍之朱瑞、巡按之朱家寶、小生之朱素雲、青衣之朱幼芬、武旦之朱桂芳，皆有皇帝之資格矣！」項城亦笑曰：「公雅有曼倩之風。」此事報紙曾載之，而張大其詞；以余所聞，僅此數語耳。

書郭集芬

郭集芬以道員需次浙江，一度為溫處鹽釐局總辦，以短收正額，欠解餘款，被參褫職。增子固撫浙，查悉短收係迫於天時，欠解乃困於人力，情有可原，奏復其官。甫一載，而增又以其吸食鴉片，奏參褫職矣。當郭之入禁煙公所調驗也，貼絕大之膏藥於肛門之上，其膏乃煙膏而非藥膏。故事官吏入調驗所，自頂至踵，所有衣履鞋襪，甚至一帶之微，均須易以官有之物。郭易褲時，委員見其肛門貼膏藥，異而詰之。郭曰：「此用以治痔瘡者。」委員揭下，審視曰：「此頗似煙膏，應留以化驗。」郭力辯，委員不得已仍令貼之，嚴密監察其舉動。此雖煙膏，既經貼於痔瘡之上，已污穢不堪，亦決不能進口矣。法定期限為一星期，郭之第二日已力不能支，哀求監視委員，謂苟聽其吞食煙丸，堅守祕密，不吝萬金為酬。委員以情陳總辦，郭計不逞，乃具結承認吸煙，即日出所。總辦呈撫院，依例議以褫職處分矣。

王闓運之喜笑怒罵

王壬秋先生（闓運）好詼諧。主講長沙某書院時，有瀏陽某增生，釋瀏字義云：「瀏與快通。」先生援筆批曰：「瀏與快通，則瀏陽可作快陽矣！快陽有此增生也，何患不快中哉！」可謂妙絕。

先生入都見項城，呼之曰「老弟」。項城以壬老稱之，先生不悅，嘗對人曰：「項城稱余曰壬老，不知其祖端敏公甲三與余交綦篤，不稱太世叔，而曰老，非禮也。」聞者唯唯。

先生抵京之翌日，諭閽者曰：「新黨中人概不接見。」閽者奉命惟謹，凡客至必詳問履歷，然後通報。大抵時髦人物，於名刺上必刻官銜與出身，以示榮耀。閽者見有某黨、某會職員字樣，無論其人如何謙恭，皆一律謝絕。來者往往索然而返。某生知其情，詭稱國史館辦事員，有要事面陳。閽者信為實。先生本記憶不清。延之入。談次，某生袖出履歷求差委。先生大詫，姑執手閱之，有曾任軍政府偵探員、司令部執法官種種名目。先生拂衣入內，召閽者厲聲誡之曰：「嗣後來客須詳細詢問，如此人不許通報，我惡見之。」某生聞言，垂頭喪氣而出。

先生任參政，評論院中人才，其言曰：「五張，季直人格最高；六李，柳溪的是可兒；二趙，均道德高尚；雲門、叔海、相伯、又陵，各有所長；吾門楊皙子亦不弱，餘則非吾所知也。」五張，指張謇、張鳳臺、張振動、張鎮芳、張元奇；六李，指李家駒、李經羲、李國杰、李國筠、李盛鐸、李開侁；二趙，指趙爾巽、趙惟熙；雲門，樊增祥字，叔海，江瀚字，相伯，馬良字，又陵，嚴復字，皙子，楊度字。

沈雲沛不畏人言

沈雨人侍郎（雲沛）善弈，好為星相家言。顧其人不修邊幅，骯髒奇臭，吐痰於被帳之中，遺溺於其褌之內，習為故常。妻妾畏莫敢近，客有以潔身勸之者。侍郎曰：「我行我素，何畏人言。」

吳祿貞割日人耳朵

吳綬卿先生（祿貞），氣識過人，尤饒膽略。其在延吉邊務大臣任，外人有不法者，懲治之不貸。東省日僑最多，聞公名無不失色。駐長春日領某往拜公，其馬車停於門外。委員某以有礙交通，命移至道旁。馬夫不知其為委員也，以鞭鞭之。某操日語與之辯，且自白為委員，而馬夫復一再鞭之。某稟於公。公大怒，將此人左耳親手用刀割下，鮮血淋漓滿身。馬夫負痛不敢聲。日領詰之，公曰：「若毋言，言則更割去其右耳也。」日領氣沮。

薩鎮冰贈犬於西人

薩鼎銘上將（鎮冰），為吾國海軍宿將，儉樸沉靜，而納於言。昔隨載洵赴美考察海軍，居輪中，日以弄犬為樂。犬色黑，而形似獅，以數十金購自北京者。美國軍艦某司令，見而悅之。上將欣然贈之曰：「此吾國罕有之犬，君宜愛護之。」

張錫鑾工詩

張今〔金〕頗上將（錫鑾），昔為奉軍翼長，馳騁關外，捕賊卻敵，有快馬張之號，遼東三省幾無人不知其名。居戶有兒啼者，其家人婢媼輒曰：「快馬張來矣！」兒啼立止。上將喜為詩，將歷年所作付諸剞劂。余甲寅于役瀋陽，得一冊，愛其[1]〈再經豐樂河〉云：「昔年匹馬孤征地，又向江天鼓棹來。落日掛帆風力飽，群山列戟戰場開。軍餘野迭生春草，亂後殘村出劫灰。」詞旨悲壯。武人如此，難能可貴矣。

張勳軼事

張君靜瀾，久客徐州，言張紹軒之愛妾小毛子者，癸丑春誕一雌，不三月而殤，小毛子哭之慟，致雙目失明。時張方新納王克琴，熱度彌高，於諸姬皆無暇顧及；惟小毛子室，日必數至。對之曰：「卿之抑鬱愁思，予五內殊不安耳。」越歲，小毛子卒，厚葬之。張對客最注意二事：

[1] 字句似有脫漏。

非手版不接見；及見，非叩首不悅。談次，秋波頻頻注視腦背，有髮辮者，立允予差委，否則謝絕。遂有裝假髮以媚之者，其人之賢否不計也。

李經羲軼事（三則）

（一）

李仲宣先生（經羲），為文忠猶子。清官雲貴總督，聲譽甚蜚。迨民國，為政治會議主席，有功於造法。項城擬令督粵，以酬其勞。先生要求節制廣西、雲南、貴州三省軍隊，方允就任。項城曰：「是不啻以一人兼為兩廣雲貴總督也，烏乎可。」議遂未決。未幾，其子國筠裁缺入覲，項城雅重其才，俾以粵巡按，以為與其子，即所以酬報，且因以阻其野心。令下日，先生恚曰：「吾為督撫十餘載，尚不若吾子之初出茅廬？項城眼光固如是耶！」

（二）

項城稱帝之際，先生進謁，正色曰：「公以雄才大略見稱於中外，今乃甘冒大不韙之名，欲登九五之位，國家利害，人心從違，兩不顧慮。設此而易為者，則先叔文忠公已先公作皇帝矣。惜公以數十年之聲威，為宵小所弄，墮於一旦也。」項城色變，僅曰：「茲事重大，終當決諸全國國民。」

（三）

先生為嵩山四友之一，嘗對趙次珊曰：「項城斯舉，無異將吾人革職，永不敘用。」趙曰：「公豈猶有作官之雄心耶？」先生語塞。

曹錕軼事

曹仲三〔珊〕上將（錕），性躁急喜怒，素有瘋子之號。一言不合，輒曰打嘴巴，打屁股。其任第三鎮統制時，有人密告某軍械官舞弊營私。曹大怒，立縛之，自打軍棍數十。旋悉事莫須有，仇者故為誣陷之言，遂升某為管帶，且慰之曰：「吾輕信人言，打爾屁股，良用歉然！今爾屁股已消腫否？諺云越打越發，已升爾官矣。」有行類如此。王君潤琴曾執事三鎮，目睹之。

趙倜軼事

趙周人中將（倜），昔隨毅軍統領姜桂題充司書生。於某公文書中，誤題為韙。姜固不識丁，令蓋鈐，旋為校對員所見，大駭，謂長官名字萬無誤寫之理，乃竟誤寫，足見粗心已極，應即嚴懲，以儆其餘。趙乘其不備痛毆之，一時傳為笑柄。

吳俊陞軼事

吳興權中將（俊陞），有萬夫莫當之勇，嘗轉戰塞外，屢立奇功，蒙人視之如神人。有奇性，日御十餘女不疲。花姍姍者，吳產也，張豔幟於瀋陽。中將一見，驚為絕色，每夕必令留髡。姍姍怯不敢近。鴇詰之，則曰：「不堪其苦也。」鴇利其多金，強姍姍侍枕席。中將卒以萬金為之脫籍。姍姍貌中人，而性情幽靜。余客關外時見之，戲詢以中將房中事。姍姍粉頸低垂，良久不答，終且以不識延陵對。是亦情海中趣事也。

陸建章之殘忍

陸朗齋上將（建章），清季鎮曹州，是州多盜，戕人越貨，月必數十起。陸性殘酷，視人命如草芥，部下兵士，儼然悉為劊手。盜之被捕者，不刑訊，立即正法，故良民枉死者不可以數計。事先不敢伸訴，忍受斧鉞之慘，蓋陸向不詳審，雖爭辯亦罔效也。鼎革後，項城畀以京師執法處長，任內殺人如麻。被殺者大抵據軍事偵探之報告，指為亂黨。其審訊之手續極為簡單，先令犯者跪案前，問數語，即令左右押赴刑場槍斃。犯者方張口有言，陸不顧也。某生有婦絕豔，偵探某見而悅之，深夜踰牆入其家。是日婦歸寧未返，生見某，大呼捉賊，某懼而遁。未幾生有津沽之行，某聞，悉如期候於車站，亦購票登車，互通姓名，談笑甚洽。及回，生又值某於車中，方訝其遇之巧，固不料某之詭計，談笑視前尤歡。某終言今日執法處將審判巨盜，約生至署午餐，就便旁聽。生不疑其有他，諾之。而某以自津拿獲之亂黨報於上矣。陸見生，訊數語，如前例，生始知墮奸人計，悔無及，痛哭失聲，力白某誣陷邀功，要求對質。陸曰：「彼拿人已不只一次，向無貽誤，爾罪應死，胡曉曉為？」令速綁赴刑場。砰然一聲，某生倒地死矣。其殺人事，余所聞不可縷述。從兄敬卿，昔居其幕，嘗苦勸勿妄殺。陸不聽，兄怒而絕之。

趙惟熙信星相家言

趙芝珊姻長（惟熙），癸丑以江西宣撫副使，自京南下，道經金陵，耳子平家吊金龍名，喬裝賈人狀，踽踽獨行訪之。見面自稱執事錢莊，以前程為問，吊金龍半晌曰：「公曾膺疆寄，目前亦榮膺要職，所謂商人者，偽也。」公堅不承認。吊金龍乃舉其近三十年過去事實，無不中節。公大奇之，遂吐實；力勸其垂簾京華，允為鼓吹於士大夫之間。吊金龍遵旨北上，頗受都人士歡迎，生涯有一日千里之勢。比亦稍稍衰矣。

王士珍不好女色

王聘卿上將（士珍），亢爽有智略，久抱伯道之憂，嘗太息曰：「予年邁無嗣，萬念灰盡，固不獨視官如敝屣也。」客有以納寵之說進者。上將愀然曰：「予固有妾二人，以賦性不好近女色，恒鮮敦倫。偶一為之，腦海中不免存一索得男之念，然終成幻想。天實為之，謂之何哉！」

龔心湛之儉德

龔仙舟先生（心湛），素持節儉主義，居官日，輕車簡從，無異平民。其任財政次長時，世交竇某，面求差委，力陳長安難居，最節省月非三十金莫辦。先生訝其浪費，誡之曰：「浮華切不可染，省一錢，多一錢之用。」竇唯唯。旋畀以一差，薪甚薄，竇不能支，託故辭去。

孟恩遠之虎字

孟曙村上將（恩遠），以書虎字為社會所喧傳，而虎字之笑柄層見疊出。項城時代，遣侍從武官吳某，攜禮物數十事贈之。孟樂甚，盛讌為來使洗塵。酒酣，出一聯以徵對曰：「袁總統騎龍有日。」吳對曰：「孟將軍畫虎不成。」孟不知其諷笑，曰：「龍虎為對，具見精思。余何曾能畫虎，不過好寫幾個虎字而已，不如易畫為書較為切實。」客皆忍俊不禁；某廳長竟笑聲大作。孟猶以為笑其改字之妙，亦任笑曰：「咱有生以來未嘗出對子，此乃破題兒第一遭，有不期然而然。」傳者以為笑談。

孟十年前舉一子，其婦請命名，孟援筆書一虎字，四周圓圈密布。婦問故，曰：「此子出世已被圍困，長大臨陣庶免遭險，斯乃預為解脫之意。」伉儷相視而笑。此子至今猶呼為虎兒。

蔡儒楷之慰留司員

蔡子賡先生（儒楷），以太守辦北洋學務有年，頗著能聲。清鼎革，任直隸教育司長。項城電召入都，擬以教育總長任之，囑即日移眷至京。議定，先生赴教育部商繼任之人，時總次長俱尚未至，候於特別招待室。先有二司員在此閱報，先生未與接談，亦手執日報閱之。二司員固不識其人，見報載蔡儒楷長教育，不日發表之說，相顧大詫，謂：「何物蔡某，其資格亦足做總長耶？」先生聞言微笑。而總次長至，司員退出，問聽差客乃何人？始知其為蔡某也。越日令下，先生抵任，二司員同託故辭職。先生慰留之曰：「予以教育司長，越級為教育總長，此在民國誠不足異。而予自信譾陋，彌深愧怍。兩君不安於位，由於前言之失，以為即不自去，亦決不能相容。予與兩君素昧生平，無仇無怨。兩君所不滿意者，以予資淺躐高位，予又烏能以是見惡。若兩君知我者，則前言不作耳。」二司員大慚。

李厚基大義滅親

李培之中將（厚基），昔隸李合肥部下為防營統領，有功於癸丑之役，由旅長漸陟福建將軍。當丙辰西南戰事發生，閩疆多黨人足跡，李防範綦嚴。其侄某素醉心共和，憤恨乃叔之依附洪憲，懷手槍往謁。李知其來意不善，派參謀代見，搜檢其身體，得手槍一支，子彈數枚。問所為？曰：「此來乃勸叔父宣布獨立，贊助義師者。」參謀如其言以告。李震怒，命左右綁出槍斃。大義滅親，其李氏之謂乎！

周學熙與譚鑫培

周緝之先生（學熙），為玉山制軍之第四子，昔任長蘆鹽運使，有政聲，項城器之。迨民國，總筦財政。項城嘗曰：「此席匪異人任。」癸丑之春，伶界大王譚鑫培，自津晉京，前門徵稅局檢查其箱篋，獲煙具煙膏。譚立以電話告先生。先生令局放行，局員執不可。先生乃親向局長陸天池談判，卒給還。前歲先生五十壽辰，稱觴演劇。譚自告奮勇，演《彌衡罵曹》、《秦瓊賣馬》雙出，以報前惠。先生笑對客曰：「不有昔日之事，老闆決不如此興高采烈耳！」

張懷芝與省議會

張子志上將（懷芝），性蠻橫，遇事勇敢。其親臨省議會，大陳兵衛，使文弱之一班代議士，望而生畏。張登演壇，大言曰：「官為民之父母。吾官也，諸君民也，是吾不啻為諸君之父，諸君亦無異為吾之子。父命子不敢辭，古有明訓，諸君勉之。」眾面面相覷，不能置一詞。

倪嗣沖軼事

倪丹忱上將（嗣沖），由文官蛻化為武將，建節臨淮，獨攬皖省軍民兩政，聲勢赫奕。武進陶某，以前清太守資格，夤緣監督鳳陽關榷政。將抵任，倪電政府拒絕。陶性黠，戀戀此肥缺，輾轉託某巨公說項，願執贄門下，並以巨金為壽。倪允之，飭令克日履新。自是倪有命，某無不服從。倪豪於賭，軍署中嘗設千元一底之麻雀，某靡日不入局。一日，倪以一色青之同子，單吊一同。某手執一同一張未放，倪見之，恚曰：「混蛋敢爾！」某婉辭請罪。他人亦為之疏解，倪始轉怒為笑。

應桂馨死事之別聞

應桂馨之死，項城殺之也；項城曷為而殺之，應桂馨自取之也。宋教仁之被刺，應以共犯證據確鑿，逮入囹圄。旋乘大局鼎沸之際越獄潛遁，入都謁項城，自陳刺宋有大功，要求給還墊款十數萬金，更要求外省重要之位置。項城佯笑曰：「予擬借重，固已非一日。金錢尤小事，君欲幾何，無不與耳，望稍安毋燥。惟君此際乃民黨欲得而甘心者，言行舉止，難免無人暗中偵察。

予決選派武士二人，令其隨時隨地出入相隨，以資保護如何？」應稱謝。所謂武士者，即陸建章部下之軍事偵探，日日以捕拿亂黨為事，而誣良為匪者也。項城既密令陸遴選二人，復屬令授以計，使乘間置彼於死地。又密電致直隸都督趙秉鈞，謂應膽大妄言，目無元首，斯人不除，後患未已。希君託詞有事面商，電令克日至津。予一面自有對付之法。趙遵即電京。應得電大喜過望，遂偕所謂二武士，乘京奉特別快車如津。中途，二人入頭等車室，以所攜短刀，向應遍身亂刺。頃刻氣絕。二人故作驚惶失色狀，鳴警笛，令停車搜捕兇手。時車已抵黃村，鐵路車站，亟以電話報告天津總站，總站據以報軍警各機關。迨車抵津站，憲兵警士蜂擁上車，群責二武士保護不力，致發生慘劇。二武士無辭以對，遂拘交軍事執法處聽候審訊。趙以長電致項城，陳報應死狀，頗有惋惜之辭。項城覆電令嚴緝兇犯，務獲懲辦。皆掩耳盜鈴。未旬日，二武士即私行釋放，易名邀上賞，即今某某二武官是也。

臨海縣案

囊客武林，浙人為余言臨海縣一案，蓋既誤姦而又誤殺也。某生貌韶秀，鄰女見而悅之，問計於媼。媼固以拉皮條為業者，欣然以撮合自任，遂百計誘生。生駭走。媼有子素無賴，廉知其情，因為託生，夤夜入女家，息燈共寢。女不辨廬山真面目，自是往來無虛夕。一日，其姊偕夫至，翁使女讓榻待其夫婦，而令他宿焉。更深，無賴入室，揭帳見駢首，疑女有他姦，立刃男女二人，棄首於地而逸。及旦，舉家驚駭，急報官緝凶。令至，驗屍畢，審察一周，向翁榻向寢何人，翁曰：「幼女常宿於此。」令曰：「使之來見我。」女堅不肯出，強而後可。令正色厲聲曰：「爾有姦乎？」曰：「處子守身如玉，宰官烏得作此污人語。」令復曰：「爾實對可無罪，否則不爾宥矣。」女懼，曰：「鄰家某生也。」乃拘生至。令曰：「爾犯姦殺人矣？」曰：「嫗嘗誘以辭，終拒之，未曾面女也。」令見生態度安嫻，侃侃而談，知有異，又問女曰：「生身有無異處，足以為證？」曰：「左右臂有巨痣各一。」令生裸而視，則無。令沉思半晌曰：「嫗更引誘他男子與女通否？」生曰：「是非吾所知。嫗有子，固無賴也。」捕之至，視其雙臂皆有痣。令怒曰：「兇犯在此矣。」繫入縣署，嚴刑之。一鞫而服，判如律。此令可謂神明，惜告者忘其姓氏也。

《睇向齋逞臆談》

野史稗言，時流著作頗多，或事蹟未盡，或記述不詳，欲傾鄙說相印證，遂於壬戌半月雜誌微露其端，顧以事中輟，歷久無成。比來逃時謝客，擁書娛懷，感觸所及，信筆寫之。其人之或存或亡，其事之或先或後，不加詮次，雖云小節，倘亦知人論世者所願聞歟！

癸酉三月睇向齋生識

岑熾

歷代有隱逸之士，而非所語。於近世，若高棲山泉，畸行異從，吾得一人焉，曰岑熾，字盛之，浙江餘姚人，諸生。博通群籍，為文典雅可誦，書法亦超絕，粗如烹飪、縫紉靡不工。家故貧，櫜筆糊口於四方，嘗遠訪所親江右，其人有事於新城。新城，吾邑也，在贛之東，萬山重疊，途窄艱於行旅。熾至，人已先日如省垣，大失所望。行則乏資，留無宿糧，進退狼狽，姑以善製衣裳自薦於其地之縫工，意將稍稍積資，而後東返故鄉。縫工睹其丰儀俊偉，未之信，已見其手持針剪作工若素習，異而叩熾身世。熾太息曰：「事出意外，情不獲已，士之潦倒至此，可謂人厄而天復窮之。」縫工曰：「甫相見，識為非常人；果爾，則俗眼不謬。公達人，稍安毋戚戚。」

其時先伯葆珊（景謨）以甘肅按察使乞病歸，將終老家園。新年乘輿拜客，見某宅大門七言春對，詞句雅切，所書飛舞似襄陽，審非高雅之材莫能為，彌驚異。蓋先伯當時與魯芝友（琪光）並有善翰墨之譽，於鄉之親故恒往還，諸人之字跡皆可辨，是則未經見者。一時名流共睹。歎為不及，終莫得其人。乃詢其宅主某，某曰：「此名士之作也，宜公見而歡喜讚歎，其人方流落此間，始以縫紉為活，察其言觀其行，不獨文士，抑才士、奇士也。吾己事，以師禮，行將歸越公不可不一見。」先伯曰：「今夕當令庖丁治豐饌以娛嘉賓。」及暮，某偕熾至。熾長身鶴立，雅度雍容。筵次，暢論經史書畫之學，熾所言，發而皆中節，終述家世甚詳。詢以娶不？曰：「否。」先伯曰：「此天假之緣也，余季女未字，才德俱優，貌亦端正，偶君可乎？」熾肅容對曰：「令媛生長閥閱之門，我一窮書生，非偶也？」伯曰：「君子固窮之說，子所素守，以如斯才學，他日之名位，當出老夫上，奈何以貧為辭？吾言由衷而吐矣。」卒議婚焉。因納粟為貳尹，入陝甘總督陶模幕，授長安縣縣丞。以模介，識布政使岑春煊。

春煊先世固浙籍，序行輩，為同族兄弟，久之，二人交益厚。熾廉潔自好，方正不阿。春煊既擢陝撫，遂以師禮迎熾，居署中，百事諮商而後行。自是而晉、而蜀、而兩粵，未嘗一日離左右。故事，大府幕僚年終考績，例得請銓敘其官，俗所謂保案者是，春煊每置熾名於疏首。熾往往執筆塗去，怫然不悅曰：「非吾所欲，不可強耳。」煊以為謙，抑曰：「此何說耶？」熾曰：「吾攬鏡自相，富貴於我無分焉。」煊笑曰：「公固嘗為貳尹，非官耶！」熾曰：「是亦足矣。」煊知其志莫可奪，遂不復言。熾於煊之舉措，適於情合於理者，無不贊其成，反是面諍不稍恕。煊平日於諸人之言，言之當否，皆不屈；獨視熾為良師益友，言聽計從，糾彈奕劻等疏，俱出熾之手。辛亥鼎沸，煊再起為蜀督，電召熾往，不赴，固請，然後渡輪之漢皋，語煊曰：「天下將大亂，是不過微露其苗耳，退進出處，公自決。吾老矣，不能相從。」遂歸。歸後易裝道士，徜徉山林泉石間，吟詩高歌為樂。某歲，扶杖登泰山，謁聖曲阜，諮嗟太息曰：「大道之不行也久矣，天下大亂不遠矣，吾不忍睹焉。」年七十有幾而卒。子郊麟，能傳其家學，純正肖乃父，清末知安徽無為州，入民國累司榷稅，為宰武進，不苟取毫髮。明德之後，必有達人，吾於是益信焉。

岑春煊

岑春煊隱於海上將十年，年逾七十，若與世忘，世人亦遂忘之久矣。春煊字雲階，其先固浙籍，祖宦於粵西，遂為西林人。舉於鄉，納粟為部曹，以父毓英官雲貴總督，及卒，例邀恤典，春煊得五品京堂候補，旋授太僕寺少卿。甲午中日之戰，春煊憤請從戎，旨交江督劉坤一差遣。煊以京卿高貴，不應受疆吏指揮，頗有微辭，顧視坤一行止為進退。坤一審前方戰不利，託故遲遲其行，煊一腔熱血無地可灑，和議既定，有以煊才大膽壯薦諸朝者，獲簡廣東布政使，論事輒與制府譚鍾麟齟齬。春煊疏劾之，鍾麟竟因此被黜，煊亦移甘肅。藩司彈罷總督，罕見也。

拳匪亂作，那拉后、光緒帝西幸。春煊得報，乞總督陶模以兵資之，謂將率師勤王。模曰：「此忠臣義士之所為也。」立遣巡防兵若干營，改編成軍，使統制焉。軍在途，后、帝狼狽過境。煊跪地垂涕，道拳匪禍國殃民之罪、兩宮蒙塵之痛，願任護駕責。后大哭，帝亦哭。后曰：「有若在，予母子何憂何懼！」抵西安，煊夜寢行在，倘聞人語或聲響，煊必大呼曰：「臣某在此！」后耳其音而泣下，擢陝撫，微示酬庸意。已而移撫山右，晉督巴蜀。煊為政猛，治事嚴，屬吏不法者莫不懲之。后移督粵，於用人行政，仍臨之以威，繩之以法。嘗於廣西獲盜魁，剖腹取血貯杯中，目桂撫柯逢時曰：「中丞請先嘗之，盜血之味，有別於良民之血之味否？」逢時撟舌不能下，煊舉杯一飲而盡。逢時驚失色，曰：「制軍雅量，固異常人也。」煊既為后所喜，權勢益盛，累疏劾慶親王奕劻，昏庸誤國，賄賂肥私；直督袁世凱結黨練兵，弄權干政。劻與世凱大恐，他大臣俱人人自危，群起揭其短。后不獲已，調督雲貴。

雲貴遠處邊陲，政簡地瘠，煊得旨怏怏，疏請入覲白事。后知其將有所敷陳，許之。既抵京，后召入見。煊伏地哭失聲，歷數奕劻、世凱樹黨誤國狀。后太息曰：「奕劻齒高爵崇，吾且優容之，汝亦宜善處；世凱功冠群臣，權為怨府，同膺疆寄，可稍忍涵。」既退，后亟召劻入曰：「岑三性剛烈，有為政之才，無容人之量，劾汝不能議其非，予已溫言舒其憤懣不平之氣，將置九卿之列，使其翊贊中樞，一旦同朝，允宜和衷共濟，扶持艱危，傾軋之風自息。」劻唯唯，退而詣春煊，詢兩粵民情政象，語婉意誠。翌日，遣使饋珍饌，聞者以劻之紆尊為異。蓋后雖未言，隱使之交歡，而劻之機警，於是覘之矣。煊卒不為動，每入對，必訴劻劣跡於后，舉朝側目。

迨授煊郵傳部尚書之旨下，煊首請罷黜侍郎朱寶奎，指其好貨不解事。寶奎既免官，卿相以下多懷疑懼，戲以猛虎呼焉。其時粵匪勢復張，世凱乃密謀於劻，謂調虎離山之機已至，當以術使煊外遷，庶幾免其日伺吾人之隙，以譖諸后。議由吾發，公內應，劻大喜。於是世凱專疏痛陳粵匪甲天下，起伏無寧歲，春煊治粵久，而萑苻滅跡，足見得其人而治，失其人而亂，兼圻之寄，匪異人任。后動容，顧劻曰：「世凱所云如何？」劻對曰：「世凱之言，天下之公言也。春煊之才，天下之人皆欲得而為長官也，於粵為尤甚。」后頷首，即降旨召春煊入。后曰：「汝謀國之忠，治事之勇，不自今日始，未開府前，予已默識於心。進階之速，予意也，帝勿與焉。收拾粵局之責，舍汝莫屬。鳳池之還，要非無因，汝其敬慎將事。」春煊唯唯，不禁汗下。蓋先已得報，知奕劻、世凱內外相呼應，共謀去之，遂含怒出都，道經海上，濡滯不行。

劻、凱復謀，使不得之粵。陰授計於人取康有為及春煊單人相片，裂而復合，作並立狀，重攝一影進於后。讆言岑、康方會於滬，密議廢后擁帝，如戊戌之變。後頓思往事，未審其詐，勃然震怒曰：「予固知春煊曾與保皇會，只以勤王之役，察其行不似，自是歷莞疆圻，頗能振作有為，詎料猶懷異志，近叛黨圖老婦耶？雖然，其功不可掩，其德未能忘，姑予開缺可已。」劻、凱之計酬，而春煊不白之冤莫由申訴，遂家於海上。辛亥蜀亂，監國攝政王載灃納鎮國公載澤之請，起春煊馳往查辦，已，復授川督。未行，南北已停戰言和，疆吏聯銜乞遜位，春煊亦列名。民元授鎮撫使，入閩戡亂，復任漢粵川鐵路督辦，降志屈身以事世凱，殊不類其素行。或曰：「為貧而仕，豈其本志哉！」其後討袁之役靡不與，事敗遠走南洋群島。

洪憲僭號，說陸榮廷舉兵反抗。榮廷宿隸煊部下，懷德圖報匪朝夕，至是迎煊入羊城，設軍務院於肇慶，眾推唐繼堯為撫軍長，推春煊為副撫軍長，攝行撫軍長事，不翅偏安之副座權元首也。既受事，為文通告，謂世凱朝退，煊夕隱，卒踐言而退。旋復置身廣州軍政府，為主任總裁。自此不復出，十年於茲矣。

煊為政尚猛，御下獨嚴，性剛而言爽，遇事輒持己見，倔強不為人所屈，是不無可取者，獨於共和而後，世凱之使命，或拒或納，予人以口實。如寵信某伶，授以兵柄，亦有累盛名。然而小疵不足以掩大節，殆所謂君子之過歟。

饒漢祥

或謂饒漢祥為樊增祥弟子，入民國，應黎元洪聘，充鄂軍府秘書，驟膺民政長，未詳考也。漢祥湖北廣濟人，非雲門弟子。鄂之耆宿如楊惺吾（守敬）輩，學問道德皆駕雲門而上，師事之人彌多，詎鄂人必具出雲門門下而始有光譽，殊未盡然。漢祥未達時，以鹽大使聽鼓八閩，抑鬱不得志。提學仁和姚文倬，覽其詩文而異之，延之其家，授子女讀，因不凍餒。齊照岩（耀珊）備兵漢黃德，某太史一言薦之，珊屬草公牘數篇定臧否，祥盡一夕之力而成，珊睹稿冷笑曰：「是奚足為吾椽屬耶？」竟不獲用。語聞於祥，長歎而已。

辛亥秋，黃陂建牙武昌，首以網羅人才為亟務，一時宿儒名士聞風而集者眾。祥方任財政司科員，擬一稿，科長擲諸地。祥不能堪，欲拂袖去。某太史器其才，白於黃陂曰：「共和初基，人才難得。吾鄂有似陸敬輿其人者，方屈為下僚，不求人知，人亦罕知之者，公盍羅致為己用，差比於晉公之於昌黎也。」黃陂大喜，禮延入幕。祥居恒熟讀宣公集，所為公牘，摹擬略似。累為黃陂草長文，以電達天下，纏綿悱惻，哀感動人，大抵天下人所欲言而不敢言者。於是國人意嚮，不期集於江漢之間，黃陂聲譽因以漸著。遂以祥領袖幕僚，薦授內務司長，擢省長。已而黃陂為項城誘入京師，留居小蓬萊。祥亦鬱憤而退，僅得參政之名。迨黃陂正位白宮，祥貳秘書處事，其長丁佛言（世嶧）既去，乃繼其任。以事忤黃陂，黃陂再起，祥無所事事。金永炎偶言其貧，謂故人黍半膺膴仕，極峰獨不念宓僧耶？宓僧，祥字也。黃陂動容，爰筆書「幫辦秘書」四字視永炎。永炎出語祥，祥亟詣謁，黃陂辭以疾，固請，始獲見。祥嗚咽曰：「生我者父母，活我者總統。幫辦雖閒散，亦吃著不盡。」黃陂莞爾曰：「吾子固久共患難，當使參與密勿。予知過矣，子且俟之。」不三日，秘書長令下。黃陂顧哈漢章曰：「予豈欲屈宓僧耶，稍挫其剛銳之氣而已。」胡吾朝宗嘗舉其始末以告余。朝宗，黃陂人，與祥比肩事黃陂者，其言當可信也。

乙丑郭松齡之叛，祥幾以身殉。對人曰：松齡曾屈膝乞其為擬論張檄，婉辭謝絕。齡怒曰：「安知我他日不為元首？」言烈而諷。吾知旨，含憤從戎。未至若林長民者幸耳。齡叛後一年，謠傳張漢卿（學良）令捕之，實無其事。祥懼，以書抵學良辨誣，娓娓近萬言。張復箋慰之，亦數千語，蓋余手製稿。嗟乎！世之懷才藻而不得志於時者，觀於漢祥毋自猶戚也。

楊度

楊度之名滿天下，謗亦隨之。其得名始於湘綺老人，稱其「美於文章，妙於言語」。其後嘗共康有為、梁啟超遊，蓋立憲黨人也。清末被選入資政院，議刑律草案，與松江雷奮、武進孟昭常爭辯，滔滔若決江河，而名益彰。當時所謂偽立憲，以內閣欺蔽天下人。內閣設制誥、法制、統計、印鑄四局，以度任法制副局長，移統計局長，非度所願。歲辛亥，項城遣唐紹儀、楊士琦南下議和，度隨行，民黨欲得之。度聞報，兼程北旋。項城既就臨時總統任，徵度為顧問，出入府中無阻。每組閣議起，部長間擬及度。一日，項城召度往，率然曰：「學風澆漓，不時起伏，宜得通時達變者筦教育。予衡量久之，決以斯席畀吾子，教習學生多好辯，必辯才如子，始足勝任愉快。」度肅容對曰：「教育部長，閒曹也，吾願幫忙不幫閒。」項城冷笑曰：「城如子言，舍財、交兩部，俱不值一顧矣？」度復曰：「非此之謂也。報國之日方長，事公之年彌永，重在責任，羞為閒曹。」項城曰：「子且俟之，予所望於子者無窮期也。」度退。項城顧士琦曰：「皙子不甘居人下，於是見之，予殊喜其才耳。」

洪憲僭號，造基籌安，雖定名於度，而運籌帷幄者實梁某。某悚於五路參案之激烈，挾某伶宿於西山，約袁雲臺（克定）赴會。克定嘗欲近某伶，無術致之，不禁狂喜，於是扃扉密議君憲事。克定對某曰：「皙子宿主張君憲，可與共謀。公計畫度支，而以文字之責屬皙子。」某曰：「善。」議遂定。詰旦，偕訪度，度大聲曰：「行則亟行之，倘事洩，吾儕殆矣。」未三日，度著《君憲救國論》布諸報端。府顧問西人古德諾從而和之，「籌安會」之名遂播遐邇。其時孫少侯（毓筠）希用事，胡經武（瑛）悴憔京華，均與其謀。瑛與鄉人李燮和善，以言動之，燮和亦首肯。度復說劉申叔（師培）、嚴又陵（復）張聲援。培諾，復猶豫，卒曰：「人壽幾何，吾老矣，且姑試之。」世稱洪憲六君子是也。往歲，余嘗過度沽上，語及姜登選為人，謂可稱將才；

詢以張宗昌輩，則曰酒色之徒耳。比年，度鬻書海上，署虎公而不名（虎其別字，公早歲不嘗用）。生計非裕，憂憤而歿。其才可惜，其遇益可哀矣！

熊希齡

世稱熊秉三（希齡）為鳳凰，或以為訕謔之詞。蓋希齡為湖南鳳凰廳人（今改縣），所謂以地望稱，如湘鄉之於曾國藩，合肥之於李鴻章也。鳳凰地窪濕，面積小，人口稀，瘴氣瀰漫，不宜久居。清設同知一官治理，相傳罕有生還者。故署內後院陳櫬累累，皆官之死於任者，於是人皆莫敢往。常熟朱其懿，固名士，不信浮言，請於撫藩，願一試。既之任，獲交希齡，許為宰輔材，字以女妻，即以善舉得名之其慧女士也。義寧陳右銘（寶箴）撫湘，延攬多士，倡議變法。學政徐硯甫（仁鑄）、按察使黃公度（遵憲），皆好風雅，尚維新，嘗集梁啟超、唐才常及希齡為會，創學校，訂章制，議新政。戊戌之變，諸人咸獲罪。希齡時已成進士，為庶吉士，亦褫職。後以道員留江南，為端方所器，隨行至日本考察憲政。趙爾巽專疏薦其才，為言於度支部尚書載澤。時澤方以貴胄操政柄，見希齡奇之，請以四品京堂充奉天財政正監理官。澤復箋達姻家鄂督瑞澂，稱希齡善於應變。澂疏薦授湖北交涉使，希齡辭不之官，乃移東三省鹽運使。

清鼎革，希齡已渡海而南，日共偉人遊讌無虛夕，敷陳民主政治之美。共和既成，膺財政總長，旋與唐內閣俱去。未半諗，忽外膺熱河都統，通電稱軍人。識者駭異，有謂其覬覦熱河故宮寶藏之富榮，求匪伊朝夕。既受事，頻微服入內，以贗易真；而改稱軍人，實執反對者之口。蓋是缺例與武夫，鮮任文士者。後有人訴其事於政府，項城密令司法部查復，傳聞之辭固不足信也。先是希齡解組入京，應召商組內閣事，入見項城，項城笑執其手曰：「子來大佳，國事付託有人，吾無憂矣。可慎選人才以備部院之任。」希齡對曰：「人才範圍至廣，公左右不乏房、杜、姚、宋，希齡無似，難勝艱巨；倘必欲使希齡誤國宜擇第一流人物共贊大業。」言已袖出一單視項城，各部領袖，擬外交汪大燮、內務劉人熙、財政梁啟超、司法沈家本、陸軍陳宧、海軍薩鎮冰、教育范源濂、農商張謇、交通楊度。項城覽竟曰：「此所謂第一流人才耶，是皆予知交也，子已得諸人之諾否？」希齡曰：「劉、沈二公尚謙讓，餘部願助我。」項城舉筆多更易，以紙授希齡曰：「子意何如？」希齡唯唯而退。迨拜命，啟超長司法、大燮長教育、謇長農商，餘皆所易之人。及冬而解組。自是或煤油、或河工、或賑務，浮沈督辦之名者十餘年，是非功罪，自在人間。庚午，載澤卒，無以為殮，且因產興訟。希齡亟約楊士驄、楊壽枏、丁乃揚輩，各出資若干寢其事，復為其子女預儲衣食、教育之費。賢於朝為友而夕相仇者遠矣。

汪兆銘

昔之談革命者，無不及汪兆銘；今之言黨治者，亦無不及汪兆銘。則兆銘之於國家，固未嘗不負人望也。兆銘字精衛，浙之山陰人。父某嘗遊幕於粵，家於番禺，因寄籍焉。自幼穎悟，懷大志，喜讀書，過目成誦。稍長，學於日本，識中山於東京。中山奇其才，恒就其密議滅滿復漢事。兆銘曰：「清政不修久矣，邇且以三歲小孩為帝，不亡何待！」中山韙之，遂入同盟會，與章太炎（炳麟）共任《民報》撰述，為文痛斥清政之失，輒娓娓數千言。宣統末造，偕黃復生（樹中）潛入北都，稅屋而居，詭稱商人，足不出戶。二人暗埋地雷，謀炸攝政王載灃。事洩，繫入法部獄。法部尚書廷傑議處以極刑。肅親王善耆方筦民政部，力持不可，謂革命黨人遍天下，旦夕且暴發。兆銘文人無能為，不若久錮，徐訊其黨之秘，即不能盡得其實，得其半或一二，足以資戒備。廷傑動容，許焉。善耆以語廷傑者復語載灃，載灃亦謂然，兆銘得不死。

辛亥變作，始出獄。知袁世凱舊部皆握兵符，行將起用，約其子克定偕往洹上，見世凱責以大義，動以輿情，謂逐幼帝，滅清廷，改建民主共和政體，此其時矣。世凱感其誠，隱衷稍稍吐。兆銘乃南歸，而參與南北和議。迨臨時政府成立於南京，兆銘宣言不為官吏，不作議員，組織六不會，有六不規約。蓋其時廣東省人方舉其為粵督，政府復將大用之也。臨時參議院既因中山一言選舉世凱為臨時總統，中山立遣兆銘及蔡元培等北上迓之。世凱慮有變，憚南行，陰使心腹第三鎮曹錕所部嘩變，焚掠京、津，藉口北方無人坐鎮，元首宜緩行，政府應北遷其間。經過事蹟，人多能道，不贅。當世凱之得膺臨時總統之選也，兆銘力為多，非如此則南北必久戰爭，清帝遜位無期，統一之局莫由成。世凱死後，北軍勢漸衰，年復一年，一蹶不振，比且根本不存。近數年間，兆銘始入黨國政府，嗣以政見不合而退。好作政論，尤喜談法理，為白話體，裒然成集；間為詩，詩亦警闢，肖其為人。

康有為　梁啟超

康有為、梁啟超者，師弟也。有為以「萬木草堂」得名，啟超以「飲冰室」著聲。二人墓草俱青，世已不知萬木草堂講學之所，而《飲冰室文集》幾家喻戶曉也。有為、啟超趨向不同，為學亦異，而康梁並稱，則始於戊戌政變。有為初名祖詒，字長素，亦字更生，復字更甡，採子輿氏有為者亦若是之旨，易名有為；字則自擬素王，示其長日馨香崇拜之誠。或曰：「有為頗詡其有孔子之長。」此又一解也。粵之南海人，以進士授工部主事。時甲午中日之戰方罷，李鴻章惕於外患，亟謀和議。有為不謂然，上書陳得失，謂戰敗兵家常事，和仇辱國彌深。不納，同官為其危，遂託病去。後三年，旅大為俄據，膠澳為德奪，人民口中莫不有瓜分之言。有為義憤形諸色，疏請變法圖強之道。協辦大學士翁同龢以主戰致喪師辱國，不容於清議，頗留心通達外情者，將引為己助，至是力薦有為才堪大用，有勝臣十倍語。德宗垂涕私顧同龢曰：「有為固不免言大而誇，而懷才不遇，可於疏中字裡行間見之。太后既不喜其人，無術使之入贊樞要；且資格尚淺，容徐圖之。」已而禮部侍郎徐致靖復稱其賢，德宗始召入對，令在總理各國事務衙門章京上行走，有為殊怏怏。蓋當時所稱六君子譚嗣同、林旭、楊銳、劉光第、楊深秀、康廣仁俱授京卿，預新政。廣仁乃有為之弟，聲望遠不若兄，尤難為情也。德宗初欲借袁世凱之兵衛，徐圖改革。六君子以少年掌樞要，主急進，喻以快刀斬亂麻。嗣同性躁，視世無難事，密商世凱殺榮祿，以兵圍頤和園逐后，擁德宗親政。蓋祿為后所寵信，后惡帝，尤不樂變法。世凱佯諾，而陰揭其謀於祿，祿遂深宵叩園門，后驚起。祿伏地痛哭詳陳，后切齒曰：「先發制人，爾之責也。」祿唯唯而退。難作，六君子者皆棄市。

有為先已因事如上海，聞變易服匿西輪遁香港，渡海游歐美，撰《十一國遊記》，立保皇黨，募款於華僑，世傳其積資殊厚，匪可知矣。國變後始歸，嘗以長電論時政，刊《不忍》雜誌，申大同之說。於世凱宿怨未解，著論指其謬。世凱為收拾人心，擬畀以清史館之任。有為力辭，謂倘修清史，則世凱首為罪人，不能無一言。世凱必不容，宜莫能為也。復辟之議，張勳約有為會於徐州，乘津浦車而去，羼販夫走卒中，以蒲扇掩面，而避人目。適黃陂召勳商大計，有為密語勳曰：「斯其時矣，遲則事敗也。」勳意遂決，率師北上，有為計偕。抵都日，迎於車驛者逾千人。勳入謁黃陂，諷以辭，黃陂不察，猶命李經羲入居內閣。不三日，勳挾廢帝溥儀登大寶，黃龍旗飄颺九衢，眾始知勳偕有為至者，正為此耳。偽詔任百官，授有為弼德院副院長，大失所望，面斥勳不解政事。既敗，走滬，貽書勳曰：「後會有期。」言外之意可見。政府令緝拿，賴啟超之援而免。居滬嘗共朱祖謀、沈曾植、王乃徵、鄭孝胥之流為文酒之會。有為曰：「當世書家以曾植為冠，其次則區區我也。」自是遍遊西北邊陲，復歷長江，所至謁當道，以提倡文化為言。當道震其名，咸優遇之，稍有所獲。客死於膠海之濱，其年已逾七十矣。

啟超字卓如，亦字任公，廣東新會人。嘗有為講學萬木草堂，以啟超學識言辯為最，諸弟子無能及之者。有為既以仲尼自況，而擬啟超為顏淵，因以得名。李端棻典試粵東，睹啟超為文，如長江一瀉千里，不以其膚淺而短之，置前茅，顧左右曰：「此人它日名位出吾上。」招與語，益奇其才，知尚未有室，以女弟妻之。端棻還朝，盛誇啟超於公卿士大夫間，京師靡不知梁孝廉者，爭欲一見也。啟超與譚嗣同交密，嗣同薦於湘撫陳寶箴，得主講長沙時務學堂，雖詆毀排滿，而鼓吹變法。耆年如王闓運、王先謙輩，聞而譁然，謂啟超莠言亂政，寶箴不為動。蓋寶箴素同情康、梁；其子三立嘗以強國必變法為辭，學政徐仁鑄亦維新之士，既獲啟超，往往討論國事至深夜始散，密緘其父致靖，以啟超才勝大任，乞薦諸朝。致靖時為禮部侍郎，一日德宗召見，問新政人才，致靖以啟超對，得旨賞六品銜，任印書局編譯事，駸駸將大用。而政變禍作，啟超為《時務官報》事已先赴滬，未及於難，亟渡日本，成《戊戌政變記》，娓娓數萬言，斥那拉后之非，而太息德宗不行獲其志。自是久居扶桑，編著《清議報》、《新民叢報》。眾以其文字暢達，幾人人手置一篇。

宣統末造，鄭孝胥、張謇、湯壽潛等設預備立憲公會，與啟超互通聲氣。啟超刊《國風報》，指摘親貴弄權干政，復抗同盟會。時章炳麟方撰《民報》，持論有異同，卒為醜詆。啟超不為下，報以惡聲。而啟超好辯，夫人而知之矣。項城自洹上入都，志欲取而代，既遣唐紹儀、楊士琦南下議和，復召啟超歸。啟超久蟄思動，悉項城優於謀略，遂匆匆就道，自朝鮮經瀋陽，東三省鹽運使熊希齡迎於郊外，相見語不及私。啟超曰：「政治不修，基於貴冑盲從妄作，無預漢族之人。我輩宿主保皇，德宗雖不在人間，幼帝無知，監國昏闇，後死者之責益重。今持民主共和之趨者眾，殊不適國情。即論共和，亦當虛君為治。」希齡韙其言，而已為項城所聞，請詔授超司法部副大臣，促速履任。啟超濡滯不行，項城復遣親信要之，遂去。既相見，絕口不談往事，僅以倒清抑存清為問？項城佯笑曰：「予安敢叛，倘政策不容於當世，旦夕且退。」啟超默然。迨民主之制昭告天下，項城膺元首之選，使入贊密勿。啟超辭曰：「非其時不仕，非其官不為。」項城知旨曰：「吾當成子之志，儲材以俟它日，子且耐守之。」啟超乃著《庸言》月刊，謂性好弄翰，志在立言；復糾合同類創共和黨，為文論幣制甚詳。項城即起為幣制局總裁，啟超辭勿勝，有以「不才之才，為無用之用」語。

歲癸丑，希齡拜組閣之命，請於項城，以百端待舉，宜得高尚之才相助為理，薦啟超掌司法部，時稱第一流內閣。旋退，授參政。籌安會興，楊度布「吾憲救國論」，謂止亂莫如帝制。啟超憤然正色曰：「此何時，此何事，項城又何人，而可如是其輕且易耶？」作〈異哉所謂國體問題〉者一文，累萬餘言，諷刺項城，且詆度，一時輿論歸之。有告之者曰：「子置身虎穴，而履虎尾可乎？」啟超悟，間道走桂林，說陸榮廷舉兵，卒成西南護國之圖，啟超被推為都參謀，而項城死矣。黃陂入繼大位，復集國會，以段祺瑞主內閣，對德宣戰問題，府、院爭論久不決。啟超既成《歐戰蠡測》一書，力持加入協約國有利。祺瑞謂然，而國會解紐矣。不一月而復辟亂作，黃陂被逼而去，祺瑞張討逆之師，徵啟超為左參贊，預戎機。事平，授財政總長，不安於位退。自是不復出，講學北之清華、南之東南諸大學間，為報章雜誌撰文，謂將以教授與記者終其身，不復從政。其言淒惋，久之積勞攖疾。醫斷為腰傷，剖腹取左腰而出。越二載，疾革，醫以鏡視，驚曰：「現存之一腰固損壞者，然則已割之一腰得毋誤乎？」亟察影片，始悟損者存，好者去，而啟超遂死庸醫之手，人皆惋惜不置。倘盡其天年，它姑勿論，著述當益富矣。

睇向齋主曰：有為、啟超以師生齊名，論者以有為品德不修，不無可議。論政則彌有堅忍不拔之志，笑罵由人，垂老無貳心，乃其長處。啟超則善變，莫測其意旨所在，言行恒為人所疑。是說也，予並存之。

裴景福

裴伯謙（景福），皖之霍山人，久為令於粵，人稱其鞫獄能以數語了之，情偽盡揭，是非昭然，余亦以為其人固才士也。倪丹忱（嗣沖）當項城盛時，率所謂安武軍坐鎮皖北，一身兼軍民二政，以景福掌政務，事無洪纖，悉以諮之。景福隨眾唯否，無復當年勇邁之氣，人多異之。福曰：「吾老矣，不能不為子孫憂，非法之舉，匪敢為也。」偶以事入京，一夕赴楊芰青（士聰）宴，汪頡荀（瑞闓）在座，景福被酒大言曰：「洪憲方興，項城視魏武或足並論，誰為曹丕者？吾恐不若秦，猶及二世而亡也。」楊、汪俱撟舌不下。及旦，瑞闓以所語語張仲仁（一麐），一麐擊几曰：「伯謙之言，固予所欲言而未敢吐諸口者，子為我約其過敝齋傾談如何？」瑞闓默然。適項城召一麐入商大計，一麐率爾曰：「總統知非議帝制者，且有手握兵符之疆吏耶？」項城驚曰：「伊誰？」曰：「倪嗣沖耳。」項城復曰：「其意云何？」曰：「誰能為曹丕以繼承魏武？」項城笑曰：「丹忱武夫，烏能出此語，是必有人借其名為語，以快意者。予意其為吾子乎？」一麐色變，知不能隱，嚅囁曰：「裴伯謙曾為是言，謂丹忱意實如此。」項城曰：「伯謙固熟人，可令其來見。」一麐唯唯而退，亟馳瑞闓所，相約偕往景福所居白其事。福大懼，星夜襆被出都。瀕行，切齒曰：「小命幾喪於汪、張之口，不慎言也。」

唐紹儀

唐紹儀仕清，積官至公卿，其事蹟世多知之，毋竣余言。嘗覽仲中所作紹儀傳，謂其於辛亥事起，承袁旨，交通民黨；及罷戰，命南下議和，傳有交換條件，則假比款資民黨，以總統讓袁氏。然祕密，無人能知其實，當於此稍稍申說，其詳已於余撰《辛亥和議之秘史》，傾臆盡之。自和議之說興，項城畀紹儀以全權，楊士琦、嚴修副之。於是唐、楊計偕南下，從者數十人，皆內外達官，許鼎霖、傅增湘、周自齊、章宗祥、楊度、孫多森、張國淦等，其最著也，獨修以疾辭。既抵滬，紹儀首易服割辮示意。南方代表領袖則伍廷芳。伍、唐同鄉里，且同官京朝，宿有交誼。開議之始，廷芳力持傾覆清室，改建共和政府。紹儀猶豫未敢決，電乞項城示進止。項城志在元首，允從容磋議，遂令馮國璋止戈夏口，張勳退師白門，是罷戰在和議將成而猶未成時也。中山願解臨時總統任，卒成南北統一之局。微紹儀之斡旋無若是之易，復無若是之速，所請軍政善後諸費，多取自比款，無可諱言。而黃克強（興）、陳英士（其美）俱賴以遣散士卒，非然者，饑兵數十萬，旦夕且嘩變。

其時革命元勳只望項城推誠相見，共肩國是，故與紹儀密約，於京內外舉有功者多據要津，藉以酬庸，實無交換條件。然紹儀卒因此蒙詬掛冠。或曰：「項城隱授計於其敵黨眾議士，乘其無備而攻之，使不得不去。」或又曰：「項城出此別有懷抱。」蓋紹儀嘗以一紙示項城，則某人莞某部，某人督某省，項城佯諾，而惡其挾勢自重。有迫紹儀踐約者，紹儀無辭以應，偶語趙秉鈞，微露項城食言而肥意。秉鈞宿忌紹儀名位出己上，早思乘隙傾之，累向紹儀進甘言，紹儀不審其詐，率爾告之。秉鈞遂發覆。項城大恚，於紹儀入商政事，怒以目，諷以詞，繼以國會彈劾之聲，洋洋盈耳。紹儀知不可留，朝提辭表，而夕襆被出都。世人但知袁、唐反目，基於比款，復為爭持用人，而未知秉鈞以計中傷之也。平心而論，紹儀固有造於共和，而陰助項城獲元首之選，功尤不可掩。紹儀既下野，於項城遂絕音問。癸丑、丙辰兩役，紹儀皆與議，連電詆項城甚力，自不能議其非。迨項城薨，紹儀遣使弔於新華宮。歲翌，項城之妻于夫人歿於洹上，復命所親代奠，是猶能惓懷舊好者視寡情無義之儔迥不侔矣。黃陂正位，起紹儀長外交。張勳承某公旨，與諸武人聯名通電揭其短。紹儀大怒，辭不之官。自是廣州屢置政府，皆躬與大計。今年逾古稀，猶以身許國，屈宰百里以治生長之鄉，嘗布衣草笠，蒔花種菜，見者以為鄉曲也。

鄭孝胥

鄭孝胥之得名也，不以書，復不以詩，世獨以善書工詩稱之，斯固然矣。而於清季政事之起伏，固數數預謀，實一政客也。壬午舉於鄉，官中書，恥為下僚，有去志，語人曰：「仕宦而任微秩，無日不趨承上司，在外猶得溫飽，居內有貧不能自存者，吾不欲久於其位矣。」遂去，改官江蘇，後以領事駐神戶，孝胥之接交日人自此始。鄂督張之洞耳其名，招入幕，具疏稱其才堪大用，得旨賞道員。當時湖北官場，言必稱鄭總文案，其勢可見矣。

之洞結交王可莊（仁堪）第幾子某，以通判指省，思入督幕自表襮。梁節庵（鼎芬）為言於之洞，之洞默然，固請，怒斥之。某營進甚亟，不得請不休，嘗以此旨告鼎芬。鼎芬曰：「必報。」一會有事詣制府，如前言，孝胥適在座之洞。俟其辭畢，恚曰：「吾幕非無人才，某或未能也。子掌兩湖書院，待人治事，蓋引為助乎？」鼎芬唯唯。孝胥攙言曰：「帥之言，余獨不謂然。天下人之文章孰若帥？天下人之公牘孰若帥？為它人之記室易，為吾帥之記室難；惟其難也，某必欲得之，將以求學耳。可莊固材士，其子當是通品，不可不察。」語已，以目視鼎芬。鼎芬曰：「蘇堪妙語，實獲我心，欲言而未敢出口。」之洞微笑曰：「蘇堪言婉而諷，節庵亦復言外有意。不從，二子必皆不悅；從則當試某以事容吾熟審之。」未三日，令下。人情好褒惡貶，之洞何莫不然。孝胥善於詞令，使鼎芬累求而不得者，寥寥數語諧其事，誠解人也。

孝胥之佐之洞也，百政無不預，軍事亦參贊機密。岑春煊在蜀，疏請遣孝胥往，朝命報可，之洞尼其行，乃止。已而春煊移督粵，廣西匪亂熾，蔓延至滇邊，舉孝胥充邊防督辦，旨予四品京堂以寵之。孝胥遂率在鄂久練之師赴龍州，居是將二載，以故退；簡廣東按察使，辭不赴。家於海上，約張謇、湯壽潛之流，設立憲公會，被推為領袖。時清室已下詔預備立憲，期以九年而成。孝胥多所陳述，一時輿論從而附和之，聲譽益著。錫清弼（良）督遼東，辟為錦朝鐵路督辦，並任葫蘆島開埠事，款絀事莫舉，良去，孝胥南還。其時盛杏蓀（宣懷）入掌郵傳部，故交也。孝胥宿主借外債築鐵路，宣懷頻與計議，遂有鐵路國有之說。

宣統末造，起端午橋（方）督辦漢粵川鐵路，授孝胥湖南布政使，方力薦也。孝胥對方曰：「吾欲行其志，匪疆吏不為。」方亟謀於宣懷，同請於樞府，畀以湘撫。樞府以余壽平（誠格）蒞，任未久，尚無劣跡，俟有缺出，將誠格它遷，即以孝胥擢任，孝胥因而之官。既至，亂作，倉皇遁滬，居海藏樓，鬻書年獲萬錢。書者，神、氣、骨、肉、血，缺一不可，全則上品矣。孝胥能書，氣足骨露；晚年忽變瘦體，有時率意漫塗，慣作斜形，而筆劃不整，世震其名爭寶之，不可解矣。詩則宗宋人，罕及者。五年前，余居沽上，偶見福山王漢章手執孝胥所書箑，自為詩一首句云：「泱泱渤海意如何，騰碧翻眼金底過。出世只應親日月，浮生從此貌山河。南歸不用懷吾土，東去誰能挽逝波。愛煞滔天露孤島，棄船聊欲上嵯峨。」讀此詩，想見其人其志。世方矚目，吾不欲言。

王乃徵

共和建國之始，袁世凱以清室樞臣蛻化為元首，一時貞元朝士，屈節仕於新庭者，徐世昌以次，何可勝數！首陽薇蕨，固不一見，而能存氣節，足風薄俗，則王乃徵有可稱焉。乃徵，字聘三，晚號病山，四川中江人。以進士入翰林，為御史，直言極諫，風力聞天下。當斯時，朝貴之被其糾彈者，殆無不惶恐。蓋清末言官，大抵日事酬酢，酒酣耳熱，輒相與議論某也不法，某也失政，往往摭拾細故書諸疏，逞一時快意。被劾者皆廣通聲氣，莫可如何也。乃徵獨不然，事非徵實不舉，人非貪劣不劾，故人多憚之。其後三霖公司之一鳴驚人，未嘗不師乃徵之故智。三霖者，閩之江春霖、蜀之趙啟霖、湘之趙炳麟。霖麟同音，遂有三霖公司之號。乃徵既以敢言著，樞府中人尤惡之。奕劻嘗語人曰：「聘三遇事與我輩為難，得當必使之外任，免多事。」

已而簡江西撫州府知府，居官三年，不名一錢，以是歌頌載道，疆吏以人才薦者，僅屢獲存記，不果大用。迨溥儀沖齡踐位，載灃以王父監國，立擢乃徵為湖南嶽常灃道，晉江西按察使，未之官，授順天府府尹，甫蒞任，外簡河南布政司，移湖北。適鄂督陳夔龍移北洋，繼督瑞澂尚在蘇撫任，明令以乃徵護理湖廣總督。太守攝兼圻之任，時未及一年，進階之速，清季一人而已。蓋乃徵嘗授載灃讀，灃素知其賢，一旦執國，遂爾一歲五遷其官，知遇之報，可謂盡至。瑞澂既臨鄂，乃徵返藩司任。以澂驕肆，莫能相容，灃微聞，擬使入居卿貳，某尼之，乃移黔。

途遠缺瘠，初意乃徵或不欲，已接就道信，益知其人非擇肥而噬者也。倘清祚稍延，乃徵必且入相。宣統三年詔遜位，歸自邊陲，道經瀘瀆，遂家焉。貧甚，稱潛道人，隱於醫。近則年益高，境愈困，而堅貞自守如故。比擬古人，則王禹偁也。

錢能訓　周樹模

錢幹丞（能訓），浙江嘉善人。周少樸（樹模），湖北天門人。能訓丙戌進士，樹模己丑進士，先後授編修，為御史，二人皆方面大耳。樹模貌尤豐腴，並有天官之目，受知徐菊人（世昌）。當清季遼東新建行省，世昌奉詔為總督，於署內設承宣、諮議兩廳，薦樹模任左參贊，兼領承宣廳事；能訓任右參贊，兼領諮議廳事，凡事諮商而後行，所謂倚若左右手也。世昌既內移郵傳部，樹模已擢黑龍江巡撫，所遺左參贊，奉天巡撫唐少川（紹儀）薦梁如浩代之。梁疏懶不治事，事權盡操能訓手，同僚側目。世昌將入京，語能訓曰：「吾行矣，清弼乃故交，子宜善事之。」清弼，錫良字，繼世昌之任者也。良甫受事，睹能訓獨攬大權，將薄懲之，猶未決，幕客某曰：「東海方與密勿，勢不可侮，孰若疏請裁缺，避排擠之名，收黜免之效，是能訓不去而去矣。」良頷首，如計而行，詔准之，為世昌所聞，不悅曰：「吾同年錢幹丞，固有功於遼東新政者，清弼竟不能相容，倘果有劣跡，罷其職可耳，並缺而裁之，誠予人難堪，吾方在位，而為疆吏者，乃如此不論是非功罪，則為政尚堪問耶？」其時順天府丞缺出，世昌力繩能訓之才於奕劻，交薦於朝，遂獲簡授擢陝西布政使，甫蒞任，護巡撫。

辛亥之變，能訓持刃自戕，遇救，易服至京師。或謂能訓裁缺入覲，不蒙召見。世昌再入樞府，為運動久之，始授陝西藩司。又曰其兄明訓，於辛亥權津海道，非也。明訓由部曹外簡津海關道，戊申歿於任，代者粵人蔡紹基，復於辛亥大局鼎沸，稱疾退。直督筱石（夔龍）檄候補道幕客沈銘昌權斯缺，乃實事也。項城當國，於甲寅間廢國務院，仿唐制建置政事堂，起世昌為國務卿，楊士琦為左丞，右丞初擬梁敦彥，而士琦薦其堪膺交通部長之選。一日，項城顧世昌曰：「左右丞，宰輔之位也，非資深才裕者莫理，相國於意云何？」（項城以相國稱世昌，於是相國之名大著。）世昌知旨，對曰：「能訓明敏，足膺艱巨。」項城沉思半晌，曰：「幹丞正貳內部，遽預樞要，不越次躐等耶？」世昌復曰：「然則少樸何如？」項城曰：「少樸方正，虛平政院長一席待之矣。幹丞於相國為同年（世昌亦丙戌進士），杏城為姻家。兩漢方興，房、杜並起。幹丞雖資望稍遜，宜為事擇人，予始念竟未及此。」世昌退而告能訓曰：「事諧矣。吾子於項城未嘗一日共事，右丞雖尊，不宜越俎，或可久於其位，子毋忽。」能訓唯唯。樹模初得報，以為右丞已內定，頗露發憤意，令下，任平政院院長，疑能訓私乞世昌攫其位，殊不懌。世昌為解釋久之，乃已。

陳三立

陳三立，詩名滿天下，文亦如之。詩有唐宋人風韻，文則法方、姚，足與馬其昶頡頏。字伯嚴，江西義寧人，以進士為吏部主事。戊戌政變，其父寶箴方撫湘，侍親長沙節署，預新政。嘗就按察使黃公度（遵憲）、學使徐硯甫（仁鑄）論議改革，故一省政事，隱然握諸三立手，其父固信之堅也。迨事敗，寶箴被黜，三立亦褫職，旋經鄉人推選為南潯鐵路總理。三立方正，復不耐煩劇，退而居白門，吟詩娛老。江督端午橋（方）素喜近名士，尤重三立為人，延入幕；將薦諸朝，三立示不欲。孤忠獨行，一時無匹。歲逾八十，高臥匡廬，雖尺箋之微，罕與人通，殷勤澹曠，殊似魏晉間人也。日寇方張，政府組國難會議，羅致及三立，當局大書其名於報端招領證書。噫！是蓋未知三立之志者矣。夫以三立之寄情山水，不求聞達於遜清之世，不樂依附於洪憲之朝，不預機謀於復辟之變，不欲指摘於軍閥之秋，而謂其於黨治鼎盛出而問世，吾未之信也。著有《散原精舍詩集》若干卷，世以散原老人呼之。

張鳴岐

張堅白（鳴岐），以舉人未十年驟躋兼圻，遜清一代官吏進階之速，無倫比也。魯人，初館於壽平（誠格）家，風流放誕，衣物蕩然，被褥至數月不浣，寒天則裸臥被中，客至侃侃而談。每飯臧獲不之呼，鳴岐自入餐室；遲則不得食，習以為常。誠格固知之，以其驕傲，將以是折之焉。鳴岐亦知誠格意，而我行我素，賓主之間，貌為歡洽而已，卒去。以姊婿夏淑卿（同彝）介入岑春煊幕。春煊與同彝為同年生，交篤，屋烏之愛，以及鳴岐。專疏薦其才堪大用，稱其有胡林翼之學，左宗棠之才。特旨給道員，授廣西太平思順道。其時春煊方督兩粵，幕客岑熾最為煊倚重，煊將畀鳴岐兩廣鹽運使，謀諸熾，熾曰：「堅白之才，固足以勝任愉快，顧其人不樂功名，恐非其所願，公自決焉可耳。」議遂寢。為鳴岐所聞，揖謝熾知己之感曰：「我志如公，不悅仕進也。」已而超擢廣東布政使。鳴岐既受事，嘗語人曰：「雲帥以是相逼，不從不可。」少選，桂撫林紹年他移，春煊力薦鳴岐繼其任。適誠格開藩桂林，鳴岐傲不為禮。某縣缺出，誠格將以畀某令，鳴岐不謂然，懸牌於大門，斥藩司無狀。故事從無巡撫可牌斥藩司者，有之，自鳴岐始。誠格不能堪，憤而求去。而鳴岐之父某，曾任湖南湘潭縣丞者，誠格之父某，嘗為湖北武穴巡檢者，皆在桂，年俱逾七十，二老彌契洽，嘗相約攜手登獨秀峰。桂人為之語曰：「父及父相得，封翁可敬；子與子不和，大吏太難。」一時傳為笑柄。

宣統方踐祚，鳴岐入覲，知粵督某不容於朝，餽權要代其位，年未四十也。迨國變為黨人所逐，以久官嶺嶠，獲交春煊舊部龍濟光、陸榮廷輩，卑詞厚幣結之。龍、陸交薦於政府，左右以告元首曰：「此人蓋岑黨，抑岑所親近，宜慎。」世凱笑曰：「斯人也，有富貴之癖，不富貴不樂，倘寵以高官，畀以特權，其不叛岑而附吾者，可剜吾眸子。」遂使巡按廣西，移廣東。丙辰之役，春煊抗世凱甚烈，航海而粵，說濟光、鳴岐舉兵北伐。濟光唯唯否否，鳴岐則正色拒之，密報於世凱，謂春煊謀亂。至是春煊始憬然鳴岐反其素行，以怨報德，大怒，為長函絕交，布諸報端，以示天下人。由是觀之，春煊知鳴岐，而實不知鳴岐，知鳴岐者莫世凱若也。然而鳴岐與濟光，後皆被逐而去。洪憲卒傾覆，則春煊資榮廷之兵而為之者也。

王瑚

人生於世，不能無毀譽，而毀譽之來，皆由人而作，要視言者之如何而定也。譽王瑚者，謂其持躬儉約，服官廉明，治事勤奮；毀王瑚者，謂其沽名釣譽，欺世盜名。譽者之言可信耶？毀者之語有當耶？而是非固未嘗無公論也。瑚字鐵珊，籍直隸，入翰林，散館授知縣，令四川筠連，有文翁之譽。其時岑雲階（春煊）撫廣西，耳其賢，疏調入桂，檄統一軍。春煊晉粵督，薦為欽、廉兵備道。欽、廉諸郡宿多匪，瑚率所部與匪戰，敗潰城陷，褫職查辦。久之東督錫清弼（良）疏請復共原官，授吉林東南路道，論政無私，治事務勤。入民國，累為令於直隸，超擢京兆尹，移湖南巡按使，未之官，內授肅政史，有鐵面御史之目。齊耀琳久筦蘇民政，求去。蘇督李純薦數人於政府，以瑚首列。政府乃免耀琳職，令瑚繼任，瑚濡滯北都不行。

一日，滿城喧傳新省長已至，且入居署內，擇日受事，相顧大異。蓋瑚乘津浦車微服渡江，獨步至小火車站（南京通城內外之火車，曰小火車），登車進城，徑趨省署。守衛阻之曰：「邇來拜會何人？」瑚笑而不答，曰：「吾自有資格入內。」守衛不敢專，乞示其長官某，某北人，睹瑚面似曾相識，知瑚平日好喬裝如施公一流人物，姑鞠躬致敬曰：「公得毋新省長耶？」曰：「然。」某曰：「待久矣。」偕入。從者數人亦自他途而至。為外間所聞，投謁者盈門。既受事，候補道尹馬某詣謁，瑚令啟中門，親迎於階下，肅客曰：「督辦別來無恙耶？」馬囁嚅，無以應。稍坐，呼送客。某終未及一語，內不自安。自後凡三謁，瑚無不如是。蓋瑚令蜀時，馬以道員任清鄉督辦，嘗揭瑚之短於大府，瑚以官卑不敢抗，至是始予滑稽之報復。故終瑚之任，馬不獲用，去而之他。其行類如此。或曰：「瑚以邑宰歷階至疆吏，能實踐所謂文官不要錢之旨，品格自高人一等。而其人器小易盈，矯情好譽，要無可掩飾也。」

王寵惠

西方大學校，以生徒學問淵深、成績優異者，既卒業，稱之曰「博士」，是匪可徼幸而致也。降及今日，人非士而士，士不博而博，於是博士乃如羽毫。吾國人之遠去歐美，而學者大抵獲其名歸，而為交遊光寵，詢以博之之道，則瞠目不能置一辭。甚且優伶偶炫其技，亦蒙此雅號而驕。博士之幸歟！博士之不幸歟！誠能名副其實者，王寵惠可得而稱焉。字亮疇，廣東東莞人，為美之法學博士。辛亥還國，被命為臨時政府外交總長。書生驟膺大任，為開國史僅見，居官日暫，而聲譽斐然。迨政府北遷，合併而成總一之局，以唐紹儀之薦，筦司法部。紹儀退，隨之而去，隱於海上，任中華書局編譯事。日常西服持杖，步行通衢間，貌固不驚人，見者不知其為顯貴也。

再起掌司法，歷黎、馮、徐、曹諸政府，其間且秉國鈞，與王正廷、顏惠笑（慶）、黃郛、顧維鈞輩，號稱新外交系。當曹錕以賄選柄國事，樞府每議要政，曹黨之人輒不知所云。寵惠目笑存之。或以為問曰：「為大使者，能晝諾已屬上選，何必曉事！」他人以其和易，咸樂與近故雖列民黨，而不為人所忌。黨治而後，乃握司法權，譏者以六朝元老譏之。胡漢民氏為之辯曰：「寵惠久仕北廷，為陰窺政府爭舉措，無損個人，有益吾黨。」是則非吾所知，胡氏之言，當可信矣。

張一麐

江浙饒山水之勝，為文化中心，獨多雋彥。縉紳先生於地方政事，見有非法而理者，輒嚴辭詰難，申之以牘，速之以電，不得請不止，大吏不能無顧忌。守為政不難，不得罪於巨室之旨，或諱而不言，或舉而不終，或棄而不顧，人民未嘗無福利，張一麐其一也，今非其時矣。字仲仁，吳縣人，十三歲中副車，有神童之目，後成進士，官直隸，授天津海防同知，居直督袁世凱幕，以和平謹厚，為世凱所重。增韞撫浙，使領袖幕僚，其時已晉階知府。浙難始，一麐悉民俗，匡助之力為多。清亡，世凱執國政，延為公府秘書，事靡不預，簡授政事堂機要局局長，擢筦教育部。洪憲僭號，以一麐固親信，當無異辭，累召入對，將畀以大任。一麐垂涕而道，謂：「君主之制既革，民主之興未久，不宜改弦易轍；倘果犯天下之不韙，群必起而擊之矣，吾未見其可也。」世凱默然。既退，進辭表乞病去。有譖於世凱者曰：「不誅少正卯，何以平眾憤？」世凱笑曰：「一麐罪不至此，詎忍害焉！」世凱歿，一麐哭之慟，自是隱於鄉，若與世忘。近悚寇禍，思止內爭，語人將組老子軍，及時報國。謂：「老而不死是為賊，老而敢死是為精。」聞者駭然動色相告。此乃偶爾戲言，為激勵青年而發，而愛國熱誠，老而彌篤，誠有足多者。

趙秉鈞

宋教仁之死，僉謂趙秉鈞主謀。其時秉鈞以內務總長攝內閣，國民黨勢方盛，教仁甫下野，挾策往還東南諸省，集通人政客，演說政黨內閣制，其聲正直播海內。秉鈞頗不自安，曰：「他日攘位者，其為斯人乎？」秘書某謂：「吾有故交應桂馨，能以術死之。」於是計定，桂馨出鉅資得壯士武士英，卒刺教仁於滬寧車驛。先是桂馨以黃興及教仁並肩而立之肖像授士英曰：「並擊死者受上賞，擊斃其一者受中賞，二皆不中無賞。」士英唯唯。而像片所題姓名顛倒，桂馨不察。士英初不識黃、宋，及時按圖索驥，彈發，未中興，教仁倒地氣絕。蘇督程德全得報，捕獲桂馨、士英，囚之，搜得緘札累累，有「毀宋酬勳」語。興等聯名揭秉鈞罪狀，使南下對質，秉鈞懼，密遣龍某如滬，許以重賞，龍以奇計鴆士英於獄，將返，其徒戒之曰：「師胡昏昏，唆使師殺人者，必殺師也。」龍知不免，乞援某國人，約以應得十之六為酬，某利其多金，偕至。秉鈞慮有變，慨然給五萬金。龍自取其二，以三予某。某南還，龍亦隱於鄉，後秉鈞遣人殺諸途。翌歲，秉鈞出督直隸，桂馨越獄至，求官索錢。秉鈞漫應之，乘間屬武弁藏白刃刺斃於車中，以滅口。已而秉鈞暴卒於任，世傳項城鴆之，可信可不信。後某亦被逮，鞫訊得實，處以絞刑，斯案乃大白於天下。其間經過，似未經人道，姑就所聞紀之。

沃邱仲子傳秉鈞有以縣主簿官山東，嘗為撫署巡捕，從袁世凱入直隸語，誠如所言，則秉鈞為巡捕時，魯撫當係世凱。余所知秉鈞官畿輔典史，世凱耳其操汴音，知為鄉人，倍切親近，累試以事，許為大器。其先，固魯撫張曜之戈什哈也。秉鈞性慧善，測人喜怒，應對靡不中度。曜寵信冠儕輩，署以內，罔論何人，毋敢侮之。一日，策騎從曜肩輿出轅，經僻巷，一婦正倚門，容色妖豔。秉鈞見而驚為尤物，知非金錢可致，乃百計求而得之。其妻死未周年，婦至，遂為繼室。婦固有夫，以霸佔民婦訴諸撫院。曜大怒，逐之，宵遁津保，從茲飛騰直上，詎始料所及哉！然而終不得其死焉。

朱祖謀

清亡遺臣之隱居者，大抵視夷場為安樂窩，北之津膠，南之淞滬，殊多遺老之足跡。二十年之間漸凋謝，頃朱祖謀又以物化聞，先正典型，將不可復睹矣。祖謀字古微，亦字漚尹，復字彊邨，初名孝臧，以避廟諱易祖謀，浙江吳興人。癸未以二甲第一名及第，授編修，為書仿顏魯公而肖。當會試時，戶部尚書閻敬銘之子字亦模顏，視祖謀如出一手。主考欲媚閻，閱卷置前茅，拆封視之，蓋祖謀也。嗣由侍讀學士擢禮部侍郎，出督廣東學政。乞病歸，僑居吳門，與鄭叔問（文焯）填詞自遣。宣統踐位，起為典禮院顧問大臣，未之官。

庚子拳匪之禍，慈禧太后召百官入覲，命各據所見。祖謀應聲曰：「皇太后蔽奸黨，恃亂徒，以敵外國，是誠何心哉？今危機已迫，將以何人了之？」后曰：「董福祥知兵善戰，可勝其任。」祖謀曰：「福祥昏庸老邁，如何可恃？」后正色視祖謀曰：「爾操南方語，予莫解。」及退，后猶怒目送之。眾以為必獲嚴譴，卒無事焉。其後，后偶對人言，以祖謀雖越級言事，而忠誠可取。比歲居滬，詞人以祖謀為當代詞宗，組「漚社」，奉為盟主。一二不肖者震其名，請託得置身其間。祖謀雖鄙其為人，而莫之拒，則長者忠厚之度不可風也。垂死前五日，譜詞一闋，淒惋欲絕，最後之筆也。卒年七十五。

張弧　周學熙

共和已廿稔，政府總筦度支者，歲必易人，或數易人。賢哲固未嘗無一二，而驟躋高位，其才不足以應事變者為多，舍借債搜括外無他道。余獨取張岱杉（弧），周緝之（學熙）之處事有方，應付中節。弧與學熙皆登甲乙科，一膺監司，一官太守，並有聲於清季。弧尤富文藻，饒才思。當甲寅、乙卯間，項城執政，權傾全國，殊有粉飾太平之觀。其時學熙長財部，弧貳部務兼筦鹽署。學熙持開源節流之策，行之而著效，坐是國庫不竭，政費有裕，未聞將領強索軍需者。

權勢如馮國璋、張勳之徒，亦鮮苛求。屈映光且羅掘巨萬，接濟中央，固項城之威逼，抑亦學熙及弧之力成之也。久之，二人議事輒齟齬。蓋學熙吝嗇，往往不近人情；弧豪侈，有大刀闊斧之目，宜不能相容。

學熙恃項城寵信，舉某案揭弧之短，固未知其事實項城與謀。學熙面參之頃，項城欲有言，格格不能出諸口。不獲已，下令免弧職，遠遣巴蜀。陰使方爾謙以辭慰弧，謂：「劉晏理財無過，管仲終當復用；其罪在我，暫避為佳。」弧以是濡滯不克行。已而弧復職受事，而令周子沂（自齊）代學熙。學熙先已得報，亟入謁，自齊先在座。項城俟熙辭畢，慍曰：「予固知子之為人，奈何不審予志趣所在？辦大事者，豈能惜小費！」且言且以目視自齊曰：「緝久勞，理當息肩，爾可代之，蕭規曹隨，予放心矣。」自齊力陳匪才力克勝。項城曰：「毋多言，多言不爾恕。」自齊乃不復語。學熙怏怏而退，立提辭表。數年後，弧亦以財長隱居，甲子起為大司徒。學熙疑弧或未忘前事，將謀報復，內不自安。其父玉山馥以箋達弧，責其子已往之失。弧覽書笑曰：「諺所謂一人難滿千人意。」又曰：「人生何處不相逢。」為書復馥曰：「終某之任，當不復見茲事之暴露。」馥每舉以告人曰：「岱杉畢竟書生，雅度靡可逮也。」

伍廷芳

渡美求學最先，博士之名最早者，當推伍廷芳。既歸國，為律師於香港。香港固中土，而租借於英吉利，故律師註冊，例得英官許可。廷芳多識彼邦人士，遂不勞而獲也。時清廷競談外交，而謂之曰「洋務」。直督李鴻章宣導尤力，耳廷芳名，招入畿疆，畀以交涉重任，累薦至道員。已而奉使歐美諸邦，還朝授外務部侍郎，不附權要，數歲未遷一官。乞退去，家於海上，築廬曰「觀渡」，有終老意。辛亥軍興，南北當局以和議待解決，廷芳被推為南方總代表，力持民主共和。北代表唐紹儀為所動，以電達項城，謂舍是則和議不諧，卒從其議。中山就臨時總統於南京，以廷芳為長司法部。統一政府立法，設稽勳局，贈廷芳以勳一位，嘉其功也。自是五年間未預政事，而於政局起伏，間列名通電而已。項城薨，黎元洪繼承大位，易內閣，任紹儀為外交總長。疆吏張勳、倪嗣沖聯名攻訐，紹儀憤不之官。元洪念廷芳翊贊共和，功在國家，遂使繼任。其子朝樞方為斯部參事，知乃父將至，請回避。廷芳既抵任，謂久未聞政，老不耐煩，宜得朝樞貳部。元首許之。父子同官，傳為美談。廷芳之舉，不避親，固不讓古人也。時膺揆席者段祺瑞，政見與黃陂不洽，府院之爭彌烈。黃陂罷祺瑞，命廷芳權國務；旋退，入粵任軍政府總裁。長年茹素，自稱將活至二百餘齡。卒以羊城之變，驚悸成疾，未克長享歲月，殆天意歟！

程德全

辛亥鼎沸，識者已知清之必亡。蓋督撫什九棄城遁，以身殉節者，閩督松壽、晉撫陸鍾琦、贛撫馮汝騤三人而已。降者亦三人，魯撫孫寶琦、桂撫沈秉堃、蘇撫程德全。是三人者，寶琦中變，秉堃被逼，獨德全反正最先，為都督亦早。嘗任進擊江寧聯軍蘇軍總司令，以是見信於開國偉人，而遺老誚其不忠，世無是非功罪久矣。德全舍巡撫而為都督，名異而實存；民主之制與專制之政迥然於侔，無貳臣之說。識時務者為俊傑，德全之不欲絕其政治生涯，固不遑問政體之為民主、君主，官職之為巡撫，為都督也。

德全字雪樓，四川榮陽人，廩貢生，納粟為貳尹，官於皖，有人以事愬按察使趙爾巽，為偶語諷之曰：「爾小生，生來刻薄；巽下斷，斷絕子孫。」爾巽怒，不知何人惡作劇。適德全詣謁，爾巽以告，餘怒未息。德全曰：「我亦有所聞，已為易詞為：『爾小生，生來秉性；巽下斷，斷不留情。』誠以公賦性純潔，執法如山，故思及此，雖不工，尚切題也。」爾巽展顏曰：「足見公道尚在人心，子之才學，於是見之。」遂定交。

後爾巽為奉天將軍，德全已先在，晉秩州牧矣。爾巽累疏薦其賢，以道員超擢副都統，權黑龍江將軍。迨東三省改弦易轍，乞休去。再起為奉天巡撫，與總督錫良議政不洽，營它移，不可得。忽思一計，以督撫同署，政權督為主，撫無所事事，疏請裁缺入覲。報可。良大愕，詰德全曰：「上疏於朝，巡撫一人私專，秘不使預聞何也？」德全對曰：「裁缺，裁吾自任之缺，倘乞示可否，制府必留我；留則缺不能裁，缺不裁，吾退志終莫遂矣。」良無以對之，一笑而已。稍選，撫蘇之旨下，良始憬然德全為宦之巧。

元年，臨時政府設於南京，德全被命筦內政部，日追隨偉人之間，儼然以開國元勳自況。夕有遇諸議某事，德全將退席，同座責以大義，不顧而去。次日復議，詐稱得急喉，啞不能言。都唐紹儀座上者，德全方侃侃而談。中山聞而歎曰：「其人如此不可與謀也。」其時吳門兵變，都督莊蘊寬乞罷免，眾稱德全熟悉地方情形，宜復任，以是重握軍符。癸丑討袁之役，樹幟獨立，及敗，已先密報項城，謂被迫使然，非出自己意。項城覽電笑曰：「雪樓從此休矣。」自是十數年，衣袈裟，手經典，日誦阿彌陀佛！某歲卒於滬，遺言以僧服殮，殆有懺悔之意歟？某叟稱其下地成佛，則謔矣。

楊圻

世稱楊雲史為詩人，似矣未盡也。雲史初名朝慶，更名鑒瑩，四十歲後易名圻，江蘇常熟人。清御史莘伯先生（崇伊）子，舉庚辛併科，以郎中官郵傳部，外任新嘉坡總領事官。喜南溟山水之勝，思營一業於是間，為久居計。其時南洋群島爭植樹膠，圻意動，歸國斥產，得若干金，不足，復集資，租地一萬二千畝，組種橡公司。山林深廣，從古罕經人跡，森木蔽天，荊棘滿地。圻嘗入山督役為工，見虎、狼、蛇、蝮而不懼，年餘植樹約三千畝，得十九萬株，蓋歷經艱難險阻而成，將棄宦為商，獲盈終老。而歐西戰爭以起，橡價益落，圻所業三年不治，鞠為茂草，至無資繳納地稅，公家例收之。圻乃怏怏而歸，隱於鄉。

贛督陳秀峰（光遠）耳其賢，招之往南昌。既至，圻不欲久居。適光遠遣兵攻張宗昌，戰於袁州。某舉圻感秋詩「白骨如山諸將貴，黃金滿地五丁愁」之句，謂乃譏光遠黷武好貨。光遠不解，若信若不信，圻一怒而去。是歲，吳子玉（佩孚）以禮延入幕，極賓主之歡。圻嘗答其婦書云：「三年擇婦而得君，十年擇主而得吳。」先後以機要處處長、秘書長運籌帷幕，知無不言，言無不盡。

當佩孚之再起也，軍次武漢間，幕客張子武（其鍠）有決江之謀，圻力阻而罷。先是佩孚軍敗，退守武昌。武昌武泰閘者，清末張之洞督兩湖時以資百萬築成之，於是咸寧七邑得免水患。丙寅秋，水高於岸者二尺，行人沒踝，某軍踞洪山，瞰擊城中。佩孚渡江至夏口，夕與圻坐室閒談。其鍠搴簾入，見圻欲有言而止，索紙書數行，示佩孚。佩孚曰：「是非予所欲為也。」圻率爾曰：「決江灌敵乎？」佩孚曰：「然。若何由知爾？」圻曰：「子武曾謀諸吾，吾期期以為不可。」至是其鍠顧圻曰：「幸秘之，毋為它人語。」其鍠退，圻乃正色對佩孚曰：「此閘倘決，咸寧七縣皆淹沒，七縣之民近千萬，敵卒只四千，以四千之敵而犧牲七縣之人，毋乃不可乎？且敵高踞洪山，平線在武昌城上二三十丈，決水則僅與江平，竊恐敵不一斃，而居民盡死焉。兩方樹幟舉兵，皆曰救民，我不救民，而反殺民何也？」佩孚動容，乃止。其鍠計莫酬，銜圻甚。後其鍠死襄樊亂軍中，圻今猶健飯吟詩。天道可信而不可信，不可信而可信也。圻之事佩孚，艱苦備嘗，至於佩孚之敗，起再覆敗，圻乃去而之他。居三年，以非其人，未任一職，未建一言，攜愛姬狄美南南歸，安居園林，不復有問世之志。其才寧止於為詩，著有《江山萬里樓集》。

施肇基

說者以中國外交無人才，非無人才，人才處列邦環伺之秋，求必應，欲必逐，雖有才者而莫能見其才。二十年來，所謂外交家不勝指屈，如汪大燮、梁敦彥、孫寶琦、汪榮寶已歿，陸徵祥為僧，胡惟德亦死，皆非折衝樽俎之材。伍廷芳尚有可稱，惜已不在人間；齊名之唐紹儀，久未執政，今於黨治之下，且屈志百里。曹汝霖、陸宗輿幾為國人所盡棄，陳籙久在野，伍朝樞近復病歿。最近十餘年間，嶄然露頭角者，莫逾於顏惠慶、顧維鈞、王正廷、黃郛諸子。惠慶歷階稍多，城府甚深。余懼書生，一躍躋高位，其政跡行事何若，當別著餘篇。吾今且投時好而語施肇基矣。

肇基字植之，浙江吳興人。清末有候補道施則敬，以慈善家蜚聲海上，其父也。肇基年少時，風度翩翩，衣冠楚楚，嘗學於美利堅，不知者以為是或一浮滑少年。其時唐少川（紹儀）方以事止息華盛頓，見而目為佳士，期以遠大，遂以其兄之女妻之。施、唐既聯姻婭，紹儀益善遇之，先後任英美使館隨員，後以道員指省直隸。紹儀既巡撫奉天，為總督徐世昌言肇基精西文，通時務。世昌疏調入遼，薦授濱江關道，內移外務部右參議，歷階至右丞。入民國，紹儀出膺國務，引肇基任交通總長。某黨議士謂其少不更事，幾否認。既履任，部員多某系爪牙，遇事抗爭，肇基不能堪，憤而欲去，卒與紹儀同時掛冠。已而奉使英吉利，垂十數年，未嘗辱使命，不可謂非人才。迺者倭寇方張，國聯會議起而仗義執言，肇基頻代表列席，侃侃而談，鬱憤不平之氣流露於眉宇間。政府嘉其義奮，寵以首席部長，使當外交之衝，基力辭而罷。昔某黨之人謂其年少無能者，肇基於此可以解嘲矣。

林紹年

共和以後，清吏有退而隱者，有隱而進者，隱而進者勿論矣，退而隱者得一人焉，曰林紹年，字贊虞，福建閩縣人。清同治甲戌進士，入翰林，膺廣西道監察御史，著聲臺諫。出為雲南昭南府知府，地遠缺瘠，眾尼其行。紹年曰：「國家置官治民，吾人既為官，未能遽舍是而就他業。安問遠近肥瘠，吾行矣。」遂去，迨抵任，與民為約，興利除弊。居年餘，劾貪官、劣紳，懲滑吏、蠹役。曰：「此四者不除，民不聊生。」一時輿論歸之。大吏銓衡政績，紹年為冠，移首郡。時崧藩任滇督，黃槐森任巡撫，怠於為政。紹年以吏治不修，則百事俱廢，此疆吏之責，為守者亦不能辭其咎。當謀改革之方，崧、黃佯諾之，而實不謂然。卒以其賢，既請真除。

已而擢迤南道，未之官，先後權藩、臬兩司，遷貴州按察使，晉雲南布政使，移山西，擢滇撫。方入覲，迨返，護總督，距為守甫逾四稔也。紹年悉滇事，以往者職官未崇，復不為上司所信，今膺疆寄，當可如志。亟思肅清吏治，厄於制府丁振鐸不果，自請裁缺入覲，得旨移黔撫，遷桂撫。樞府與疆吏如鹿傳霖、岑春煊等交薦其賢，遂入值軍機，且為郵傳部侍郎。孝欽后稱其亮直清操，不為奕劻輩所喜，譖諸后。外簡河南巡撫，彈劾道府以下不職者近百人；將去，猶劾罷數十人。語人曰：「終不留為汴民害。」復內召，貳民政部，移倉場侍郎。清廷方以設備立憲詔天下，改官制，設內閣。紹年遂退。自是隱於沽上，旋卒。清謚曰文直。子葆恒，舉人，為道員，權直隸提學使，有賢聲，工詩詞。

朱慶瀾

世無不知慈善家朱慶瀾，亦知慶瀾為武將。其人固恂恂儒雅，有名士之風，以宰官需次沈垣。時猶未改省，盛京之名未廢，清廷置將軍治事。將軍增祺既去，趙爾巽繼之。爾巽器其才，畀慶瀾巡防軍管帶，擢統領，移防錦州，增資至道員。距日俄之戰未遠，其地近海，避亂者畢集，良莠不齊，治安可慮。慶瀾日夕督隊巡視，獲匪立斬，然後報將軍。爾巽恚曰：「胡不請命？」慶瀾對曰：「將在外，君命不受。矧長官耶，事亟不宜緩，故便宜行事，未枉殺一人，倘有無辜被戮者，慶瀾甘反坐。」爾巽曰：「但願如此，不爾責矣。」以是轄境宴然。後爾巽督蜀，薦為統制，猶今師長也。辛亥蜀亂，巽弟爾豐為督，捕黨人窮治，慶瀾不謂然，求去。蜀人尹昌衡者，勢力盛，舉兵戕爾豐，慶瀾乃託辭離境。入民國，爾巽稱其賢於元首，授黑督，政績斐然。退再起，為廣東省長。洎西南宣布自主，不容於督軍陳某，解組歸，以官錦州久，遂家焉。比年馳驅數省，辦賑救人，幾不遑寧處。世目之為慈善家，詢當之而無愧也。

《睇向齋談往》

往歲馳驅遼塞燕薊，耳目所接觸者，不無佚事趣聞，胸臆所逮，意將筆而存之。人以其時為限，事以其地為準，非有恩怨褒貶是非好惡於其間，取其詳實可徵者，聊資談噱而已。

帥府

帥府，張作霖治事之所，且挈眷居焉。畫棟雕樑，奇石巨柱，若王侯邸第。瀋人無不知帥府之森嚴，自轅門至內寢，警衛節節荷戈而立，是在官衙固習見之狀，而衛士之服裝器械則無及之者。夫以我國幅員之廣，每一行省皆駐統兵大將、治民高官，大抵謂之公署，如督辦公署、省長公署，無以帥府為名者，有之，自作霖始。

作霖擁重兵，進退足左右天下。當皖、直對壘，直、奉交鋒，皆舉足輕重。於斯時也，四方來使咸集，以一見作霖顏色為榮。晨則魚貫而往，俟諸客廳，侍從高呼曰：「請客稍座，大帥即下來。」下者，下樓也。眾默息而待。俄而作霖出，笑面相迎。於是來使一一述意竟，屬目帥一言，帥曰然，無不歡欣鼓舞而去，歸而語其主曰：「張帥將交歡矣。」帥曰否，無不垂頭喪氣而歸，歸而語其主曰：「張帥欲反顏矣。」使之一喜一憂，視帥之一諾一拒。一次爾，數次亦復爾爾。雖然，作霖於來者固禮遇，一視同仁，不因其事之應否而判優劣也。作霖既逝，帥府之名猶存，帥府之威嚴且有過之，蓋往日之少帥襲位，而位大帥矣。大帥定例，某日某時會客，手諭司閽，毋慢客，毋索賄。客之至者，舉目即見此皇皇之親筆文告，讀者懍然。每屆期，四座皆滿，有立而待者，有散步庭院俟呼傳者。帥事冗，或見，或不見。見者則執事人持刺延入，高呼其名者則不納，而俟其人之應聲，以刺遠之也。一客南人，習於南方官場呼名者之照例接見，誤以為傳之入內也，隨眾入，被阻，面赤而退。

此中人云：「大帥會客雖有定時，時至，往往因事姑置之，歷時三四鐘，侍從不敢問，臆以為必皆接見也。及昏，帥率爾曰：『余倦矣，可使明日來。』客遂如鳥獸散。以是之故，甚有候至匝日，始獲睹帥之丰采也。有所謂特客焉，大抵顯要為多，不格於常例，無坐待之苦。若隨事隨時請見，亦必享受閉門羹，必先一日約定焉。帥曰可，則如時至；帥曰否，又必視帥當時喜怒或勞逸而定。其期則帥自擇，罔論何人不敢不遵也。」嗟乎！以帥之威望，其門如市，而帥之心寧如水，干祿之徒，固當憬然悟。聯歡之使，亦宜稍斂其遠道跋涉之勞也，以為何如？

公廳

公廳，公共辦事所之簡稱，凡念遼事者，固知有帥府，亦無不知府內之公廳。作霖以大帥之尊，每於晨昏或午，必駕臨公廳，至則呼高級僚佐共座縱談。於古今盛衰之理，中外強弱之道，文人固好逞詞鋒；若攻守之策，進退之方，武夫亦雄辯直氣，滔滔不竭；尤以大帥之言為不留餘地，樗蒲之戲，飲食之調，男女之私，人各有詞，詞各不類，而以悅於帥之耳者為度。一時吃喝嫖賭之聲，充塞乎公廳之間，語者神旺，聽者忘倦，四座皆大歡喜。

簡任以上之職官，佩特別證章者，可隨時出入趨公廳就座，而上下議論。倘有人詢客至帥府有何事者？其人對曰：「坐公廳久談而出。」即此一語，足以表示其已晤大帥。有特客二，鮑貴卿、張景惠是。貴卿乃作霖姻家，嘗入為相而出為將，產至豐盈，瀋陽、長春、大連、旅順、北平、天津皆置廣廈，蓋軍閥而兼土閥者。景惠為布衣昆季之交，曾喪師於壬戌直奉之戰，嗣以聯吳與作霖和好如初。二人遇事故不必視作霖之喜怒，可以放言高論，政事而外，雖床笫之穢，亦無不可談。貴卿之言，言不深思，於一事之判斷，貽人以牛唇不對馬嘴之譏，聽者但匿筆而已，無人敢辨一詞也。四方說客倘與幕僚近者，有事白作霖，徑入公廳坐待，閽者莫能阻。諸將如李景林、張宗昌之流偶至，皆高視闊步而進。一時公廳之佳話與笑柄，不可勝紀焉。

快馬張

張今〔金〕頗（錫鑾），浙之泉堂[1]人，仕清，以貳尹積官至山西巡撫。入民國，首膺直隸督之仕，旋移東三省，改任鎮安上將軍，督理奉天軍務，兼轄吉、黑軍務。光緒之末，錫鑾為奉天巡陸軍左翼翼長，其職猶今之師長也。關外多匪，錫鑾策馬率兵馳騁白山黑水間，戰必勝，攻必克，因有快馬張之號，婦稚皆知其名。戶有兒啼者，家人懼之以鬼怪，孩提不解，倘曰：「快馬張來至門外矣！」兒啼立止。

張作霖離其山寨生活，赤手投誠，賴三人苦勸之力，快馬張其一，余則其時盛京將軍趙爾巽、新民府知府曾韞。快馬張之開府遼東也，作霖方任二十七師師長，面必稱大帥。以事傳之至，立而待，命坐則坐。快馬張倘因故或不悅，輒詈不絕口，作霖唯唯。此固作霖遇恩不忘，難能可取，惟快馬張誰不能制之。東北外交，以中日間為繫，每一問題，快馬張預語舌人如何致辭。迨談判開始，對方要脅或逾分，則藉口年邁耳聾，雖舌人譯語可辨，有時而詞窮，又諉過舌人，謂吾意固非如此；又往往談至中途，佯稱牙痛而退。其時日本以福島為關東都督，有崛強

1 即浙江錢塘縣，今杭州。

名，語人曰：「此老裝聾作啞，指東劃西，與語若不解，所對似可信，又似不可信，吾莫如之何也！」

日駐瀋領事林權助詣謁，謂其要事待商決。快馬張已先得報，拒納未定，而禮不能不延客。寒暄竟，不俟其啟齒，曰：「余患痢，片刻未可離廁。公乃外賓，禮應接見，有話可告舌人，吾已內急不堪矣。」遂退。林一笑而出。

本溪湖煤礦出產豐饒，糾紛久不解，日方亟欲其事諧，快馬張徐徐曰：「此吾國大事，主權在我，我有便則談，談必竟我意，否則俟若干年後再說。」卒如其議。

張工詩，曰《都護集》，頗可誦。嗟乎！快馬張往矣，歿年逾八十。其理外交，以老輩自居，膽大心細，樽俎之間，往往兒戲出之，雖在難題中，尚能爭回少許便宜。今之號稱外交家者何如？

錢神仙

遼東三省之人莫不知有錢神仙。神仙佚其名，貌粗俗，極善相人術，百不爽一，足遍關外諸地。每出門，士大夫倒屣迎之，得神仙一言為幸。神仙目至朗，言至爽，興至豪，情至厚，交至廣，食至多。某歲，馬龍潭[1]方鎮守東邊，謀進取，思異動，問計於神仙，求相於神仙。神仙細審其五官四肢，狂笑不言。龍潭頓足曰：「人皆以吾不久可膺疆寄，所謂督軍、省長者將一身兼而有之，子奚為無語？」神仙曰：「督軍武職也，省長文官也，俱特任也，特任視清制為一品。相公之面、之背、之眉、之耳、之目、之鼻、之唇、之口，以至於手、足，殊不似，雖然，萃文武兩官於一身，三月之內可得，吾意公或以東邊鎮守使兼東邊道尹乎？」已而果如神仙言。

武進吳晉[2]，字少佑，習陸軍於法蘭西。既歸國，任事陸軍部，閒曹也，月入只百金。後以某老介，往投楊宇霆。宇霆奇其才，事無洪纖悉諮之。晉慕神仙名，往訪。神仙略審視曰：「此財神相也，期以三年，富且百萬。」晉口不言而內自喜。晉嘗娶巴黎賈人女為妻，今結廬法京，伉儷雙棲於此，盡優遊之樂，蓋已腰纏累累矣。

神仙嘗相郭松齡夫婦，連聲曰：「好，好，好極！」松齡曰：「尚有說乎？」神仙曰：「盡矣。」其婦曰：「直言何傷？」神仙不答，退而語人曰：「松齡腦後有反骨，行將以兵叛；其婦殺氣溢眉宇，皆當流血死。」後果驗。

1 馬龍潭，直隸豐潤人，一九〇七年，按年齡為序，馬龍潭、吳俊陞、孫烈臣、張景惠、馮德麟、湯玉麟、張作霖、張作相八人結拜為盟兄弟。一九一四至一九二八年任奉天東邊鎮守使。

2 吳晉，江蘇武進人，一九二七年曾任北京政府外交部次長。

張作霖以陸海軍大元帥宰制五省之地，神仙每對人曰：「老將（東人通稱張之辭）必慘死。」詢以期。曰：「戊辰五月耳。」識者誡之曰：「此何人，此何事，可戲言邪？」神仙笑曰：「頭可斬，舌可刃，吾目尚存，吾言必驗。」作霖既通告下野，率部歸遼，車過皇姑屯，而難作。以時計之，戊辰五月初也。於是神仙之名益著。

張半仙

張半仙嘗以紫微斗數炫其術，或驗或不驗。一日，於稠人座間遇錢神仙，共卜某事。神仙率爾曰：「必敗。」半仙曰：「先敗而後勝，既勝復何言敗。」神仙駁之，不歡而散。及期，神仙之言中，僉曰：「此半仙耳。」半仙姓張，名濟新，字庶詢，初名鼎銘，旗人。清令於鄂，有斂財名。齊耀珊長浙，辟為椽屬，歷階至錢塘道尹。姬侍甚多，豔事頻傳，以其穢不錄。耀珊退依孫傳芳，傳芳函薦張學良，希大用。初至，學良令赴九江查訪戰狀，歸後任政務處長，擢京兆尹。某月，遼軍集中原許、陳，戰方酣，半仙曰：「吾軍行且長驅武勝關而下，踞湘、鄂，窺川、藏，經贛、皖，進蘇、浙、兩粵、雲、貴傳檄而定。」語聞於學良，嗤其妄，卒以工媚，邇猶司榷殺虎關。平日瓜帽紅結，長袍闊袖，手水煙袋，出入八字步，儼然三十年前之官僚也。

袁老夫子

老夫子，袁金鎧之自稱也。金鎧字潔珊，遼陽人，早播名白山黑水間。趙爾巽督遼，視為人才，疏薦其賢，詔授三品京堂。入民國，自謂將以遺老終，而地方政事不辭干涉之勞。作霖柄政後，約為兄弟。金鎧年長於作霖，作霖呼以大哥。學良於鎧素執禮甚恭，稱之曰「六大爺」。猶言伯父也。他事吾不欲言，亦不必言，第舉其繼爾巽長清史館一事。清史館創於甲寅間，項城畀湘綺老人以館長之職，湘綺攜鼎鼎大名之周媽抵京，居三月，不理事，嘻笑怒罵而歸，不復至，乃易爾巽。爾巽事必躬親，所撰稿紕謬滋多。爾巽死，全稿猶未竣，遺言舉老夫子繼任。老夫子知清史館不獲久存，期以速成，殊無足觀。而老夫子所以為老夫子者，於是覘之矣。

王爺

王爺死矣，王爺死且三年矣。王爺伊誰？王永江也。永江遼之金州人，以茂才為員警學生，初入仕，巡官耳。未五歲，任奉天省長，進階之速，一時無並也。永江勤治事，精理財，朗於鑒人，勇於遷善，於令尹之選，尤三思而行，政績斐然。作霖每於督署召集會議，永江嘗逾時至，至而滔滔不竭，言已徑去，作霖不敢問也。百政以度支為樞紐，永江兼為財政廳長，條理井然。議一事，用一人，作霖已可者，永江倘審其事之難舉，知其人之不材，必曰否。他日議一事，用一人，永江已可者，作霖倘曰否，永江必爭曰：「其事經詢謀僉同而決，其人由詢事考言而定，不則吾且謝不敏。」作霖無如之何，聽之而已。

奉軍樹幟關外，省自為政，不隸屬於中央政府者有年。始而驅三軍進至灤河，將圖燕、薊。永江力陳百害無一利。作霖不無動於衷，卒以左右躁進者所蠱，不從。永江不能耐，託疾不理事。迨作霖敗而歸，永江觀其狼狽之狀，擊几曰：「向所語於公者，今何如耶？」作霖揖謝之。逾年，奉軍復整旗鼓，議入關，永江如前言以諫，作霖似聽似不聽，永江怒曰：「前事不忘，後事之師也。公為帥遼東，戰可定天下，退可守千百年，孰敢侮之。今尚非其時也，左右亦非其人也，而乃勞師動眾，進窺中原，是謂不度德，不量力，必敗矣。」作霖不能堪，報以惡聲。永江遂退而歸田。後任無能為，再起，而權勢益盛。知奉軍將三度入關，乞病去。作霖累遣使徵之，堅臥不起，長函陳成敗之機，得失之變，旋卒於家。永江在任日，東人莫敢攖其鋒，相語曰：「此至尊無匹之王爺也。」

周聖人

康聖人、董聖人、胡聖人而外，有周聖人焉，名不彰，故罕知者。周聖人之聖，自有其入聖之道，論文學，視康聖人萬丈之遙；論法律，固一竅不通，董聖人未嘗不竊笑於其旁；論哲理，益莫名其妙，胡聖人倘見其人，必且嗤以鼻。然則聖人之名何自而得也？聖人名姑佚，以武備學生任事東北軍，積官至中將。貌恂恂，寡言笑，人近之，靦腆如處子。每赴宴，座有伎，必託故避去。布衣粗食，廿年如一日。漸達，猶勤儉自甘，聖人之名，有自來矣。一夕，聖人之宮被焚，聖人廑寢衣躍而奔，妻與子女俱焚焉。聖人哭，哭匝月不止。事聞於統帥，憫其所遭，媒介一女為繼室。女豪侈，觀聖人一舉一動，斥其不合時宜。聖人辨，謂得名非偶然而致。女笑曰：「聖人之稱，誚辭也。」聖人悟，易華服，其行亦漸肆焉。

聯帥[1]

乙丙之交，聯帥之名震東南，居虎踞龍蟠之城，有左右群雄，吞三江而並五湖之勢。既帥師入贛，大敗；及皖，戰亦潰，退金陵。私計將不保其位，忽攜一弁微服渡江，登車北上，文武百官無一人知聯帥離城者。浦口司車務之人，但知是日某參謀送眷如燕省親，不知車中赫然聯帥在。聯帥既抵天津，獨自一人趨張作霖行館（即當時盛傳之恒記德軍衣莊），以刺示閽者，閽者審視良久曰：「聯帥差弁有何事耶？」曰：「我即聯帥，謁貴帥有話講耳。」閽者大驚，飛步入報。作霖持刺頻搖其首曰：「此人何至此，殆飛將軍從天而降耶？吾不信。」其時楊宇霆、張宗昌、常蔭槐等在座。宇霆曰：「鼠子胡膽大乃爾，詎已忘昨年事耶！」作霖乃顧蔭槐曰：「子理路事，何早無消息？」蔭槐對曰：「未得報告，此來當有重大事。」作霖命從者延之入。

聯帥將登階，作霖起而迎，眾皆屏立。作霖曰：「我公別來無恙耶？此行辛苦矣。」聯帥叩首嗚咽曰：「大帥聽諸，某此來，乞罪耳，投降耳，無他也。」作霖大喜過望，笑曰：「吾與公分疆治民，樹幟對峙久矣。以位論足相伯仲，以名言判若天淵，乃公如斯卑躬屈節，何以克當！何以克當！」聯帥曰：「不然，大帥齒長於某，德高於某，望重於某，量宏於某，往事某知

1 孫傳芳，曾任福建、江蘇督軍，一九二五年自稱蘇、浙、皖、贛、閩五省聯軍總司令。

過，今日之事公為政，某願率三軍聽命。」作霖曰：「誠如是，以兄事吾可已。」議定，聯帥南歸，復大敗，退徐、魯。作霖乃改編某軍，曰第一軍團，隸麾下，少選，大元帥姍姍登臺，聯帥以第一軍團長領銜擁戴，最先入賀，便衣行跪拜禮，離合之奇，民國有史以來僅見也。先是宗昌在座，而兩帥互相問答之辭，情急不能耐，喃喃有聲，累欲起而語，某以目送之，以足踐之，乃止；而終不復忍，卒然問曰：「吾將下江南，子使陳某之師嚴陣以拒，且迎戰，果何為乎？」聯帥曰：「此某之罪也。公魯人，某亦魯人，魯乃聖人之邦，不幸而有某，魯省之羞也，魯人之恥也，夫復何言？」宗昌狂笑曰：「酒肴已陳於案上，宜浮一大白。」或曰：「聯帥之才可取也，聯帥之忍可法也，聯帥之行不足齒也。」

海帥

帥，過去之名詞也。獨遼東風氣，於帥之名稱，而人人視之為無上之尊，而不肯舍。其人既帥矣，異口同聲而帥之可也。間有地望而未至於帥焉，亦欲人稱其為帥，不帥則不樂，不大帥愈不樂，帥之多，乃如羽毛。有人焉，嘗領一軍守土塞北，僉稱曰：「海帥。」海帥不應，重呼之，復不應，呼者憬然，易稱曰：「大帥。」帥乃改容曰：「不敢當。」然而大字終不敵海字，而海帥呼之者為多也。帥和懌，好與人近，治軍嚴肅有度，老而不衰，戰必勝，攻必克，帥之稱非無因而得至也。帥喜戴瓜帽，帽前置大珍珠一、金剛鑽一、白玉一，蓋於玩古董之餘，而有是雅興焉。一夕，群集而博，爭吃狗肉（即推牌九），注迭鈔票達巨萬，聲震屋瓦。帥聞聲而入室，目注神移久之。眾乃請示帥曰：「帥放餉乎？」猶言其金多可輸給於眾也。帥曰：「可。」由四輪至二十輪，每執天地仁和之對，最低之格，亦所謂紅龍九、和板八之類，虜獲無算。帥狂笑，推牌而起曰：「此局非放餉也，乃吞餉耳。去矣，明日見。」眾嘩躁，乞帥復戰。帥不可，曰：「勝敗兵家常事，今日之勝，未嘗非徼幸，他日臨陣，烏見其必不敗也。諸公稍安勿躁，去矣，明日見。」

皇姑屯

皇姑屯距瀋陽城咫尺，北寧鐵路必經之地，張作霖被炸處也。往者，齊、盧之戰[1]於黃渡瀏河，歷時逾月，使區區鎮市而得名，皇姑屯之炸，中外聞而驚駭，此只如彈丸之一車站耳，而皇

---

1 一九二四年江蘇督軍齊燮元與浙江督軍盧永祥之間的戰爭，時稱江浙戰爭。

姑屯之名以傳。當代達官之出入，必大陳兵衛，禁街巷行人，偶遠行，非專車不樂。專車之前，有所謂壓道車者，壓道車負探險之責，倘有預埋地雷或火藥於軌道者，壓道車已先嘗之，專車可備無患。示人以怯耶，妄自尊大耳。

作霖素深居簡出，每入關，憚途遠，懼刺客，預告從者以行期，俾治裝而待；及期不行，復以其期告人，使勿誤期；至又不行，往往於夜深突下令戒途登車，故往來時間無第二人得知焉。十七年夏之歸遼也，先期遍告文武百官，以某日某時自某處發，磊落光明之狀，平生所僅見聞者。曰：「大丈夫固不當示人以疑。」元帥此行之公開，殊出人意計之外，獨錢神仙以為不祥。車過析津，某國顧問數人俱告別。翌日抵皇姑屯，某領事迎於車次，稍語而退。向例作霖每歸，某國領事必迎於是間，偕至總站始下車，則以為常，此番獨不然。如斯小節，無人留意，又豈慮有他哉！車將越鐵橋而東，作霖起更衣曰：「抵家矣，抵家矣。」其狀若不勝愉快。語已，轟然一聲橋斷，鐵柱鐵板寸寸如蝶飛，車被壓，火光燭天，秩序大亂，死傷多人。吳俊陞骨碎，作霖傷左臂，猶能言語，侍衛扶入汽車，途及半，車之機件損不能駛，易他車，抵府門，已昏迷不省。蓋流血逾量，垂老之人莫克勝，須臾氣絕。

其時臧式毅以督署參謀長護篆，祕不發喪，密令文武各機關佯稱作霖傷處無礙，不日可痊。頻遣人四出延醫，偽言診病。客至問疾，則對以稍癒；倘必欲見其人，則又告以守醫囑，十日內不宜接賓客，不可多談話。迨其子學良化裝乘飛機倉皇而至，始宣布作霖之死，治喪如儀。既暴露，中外震動之餘，疑團盡釋。有謂楊、常欲奪政權，勾結某國人為此者，則臆測之詞，離題遠矣。先是作霖猶未卸中央政權，某國於某路事，嚴厲要求簽約，作霖佯諾，而久置不理。某國駐使頻謁作霖，催促再三，不獲要領。使返國報告其政府，政府當局大憤，亟遣使還，使復謁作霖，嚴詞責問。作霖苦辭窮，無術應付，責其事於該管之部，命相機辦理。時事常蔭槐以交通次長權部務，以茲事重大，稱病不入署，委其事於路政司長趙鎮[1]，議久之卒簽字焉。當此事猶未決議也，某國政府排日接報告，惟恐事不諧，知作霖戰敗，行將歸遼，縱且審啟行之期，謀以術死之。某使例以電告簽約期，主事者乃欲中止其謀，飛電達某所。電至，已不及，作霖終不得免焉。蓋數也。

此事暴露之始，識者已不難知主謀之人。其後某國議會提案質問，請宣布內容，不翅示人以自承其罪，已而主謀者暴卒[2]。馬絲蛛跡，概可見矣。或曰：「作霖久踞遼東，視三省土地如私產，三省人民若家奴，宜有是報。」余曰：「世稱作霖媚外鬻國，既以身殉，其冤乃大白於天下。皇姑屯之變，乃作霖殺身成仁，蓋棺論定。不必今人，即後世當有知之而諒之者，賢於口是而心非者遠矣。」

1 趙鎮時任航政司長，非路政司長。

2 炸死張作霖之主謀為關東軍高級參謀河本大作，僅被免職。暴卒之說不確。

老太太

中山先生踐位之元年，下令取消大人、老爺之稱謂，以示人民平等，不應有階級之別。久之，此風於南方官場漸息，民間則依然；北方則無論官民，已相習成風而莫之改。大人、老爺之尊號既難消滅，連帶及於老太太與太太之雅稱亦仍存在，習俗之移人也如此。

王老太太者，家世不可考，生長於遼瀋，張大元帥第五媵之母也。雞皮鶴髮，效時下婦女裝，望之懍然，即之也溫。母以女貴，能以一言生死人，一語立使人富貴，不勞而獲。一時門庭如市，士大夫口耳出入之間，無一人無一事而不及此老太太者。老太太之賢漸播，老太太之望益隆，而老太太苦矣。

惜姣女史同宗某，賈而仕，居恒鬱鬱，以為未足。惑慂慫之曰：「富貴人之所欲也，如王老太其人，巾幗之英雄。抱廣廈萬間之願，雅似觀音大士之慈悲，有求必應，盍禮而拜之，當無不如志。」某對曰：「嘗聞之，且試焉。」一日，某投刺請謁，及見，屈膝呼寄母。老太笑而援之起，曰：「老婦與君年相若，寄母之稱，殊莫敢承。」外示謙讓，而內彌自喜。自是每晤面，某必大呼寄母以示寵。老太太至是莊容曰：「子既情願，吾復奚辭。」一時官場大哄，援例進身者肩背相望而老太太乾兒之多，多於過江之鯽魚。年屆壽日，乾兒濟濟一堂，不獨燃大蠟燭有人也。某歲，某以事攖當道之怒，囚諸獄，乞請者紛集，當道不為動，最後老太太片言而釋之。某出，叩首老太太之前曰：「寄母遇我厚，再生之德，何以為報！」老太曰：「汝罪不至於死，遲早必獲免，吾言適逢其會耳。」所謂老太一語生死人，一言立使人富貴，觀此不可信耶！而王老太太傳矣。

金少保

金梁，字息侯，駐防旗，清官知府，一無名之人。張作霖督遼，薦為政務廳長，後以不合被黜，實與宗社黨為近。甲子前，廢帝溥儀猶居故宮，朝覲如往日。梁上封奏言復辟，頻出入宮中，自稱少保，實無其事。蓋知府驟膺少保，清例所不許。事洩，奏稿為章報揭載，輿論譁然，梁遁不知之何所。某歲，忽上書張學良，力勸其讀書習字，條舉若干則備採擇。學良納焉，以其貧，厚贐之，使管理盛京故宮事，遇益優。而梁竟私告人曰：「此間非可久居，行將去而之他矣。」

趙博士

遼東三省之士，習陸軍者為多，東北講武堂不足，進而趨保定軍官學校，此猶不足更進而入中央陸軍大學，此復不足，遠而之日本士官。幾造為風氣，成為習慣，大抵羨軍閥之得暢所欲為。黠者不揣其才智若何，莫不自詡為可勝方面之任，或統一軍而有餘力；懦者亦復不揣其才智若何，靡不希為師旅團長。推因親及親，因友及友之誼。平日人懷升官圖一冊於衣袋，朝夕展玩，如讀經史子集。思一旦有位，盡力鑽之，鑽之久，堅必克，克而所欲遂焉。所謂一歲五遷其官，或一日三遷者，舉目皆是。故人心視其他專門學問皆不屑一顧，私計即幸而學有成就，不過獲一普通官吏，內而院部，外而將帥。居今之世，求今之官，非雄糾糾不易得；而文縐縐者固多居高位，泰半雄糾糾所提攜。倘有誤，往往一言免其職，一電置於法，以是東北專門人才之消乏，無可諱言。此趙欣伯之得以日本法學博士榮銜，馳騁於長白山下也。博士近事吾不忍言，言亦污吾墨，姑舉其往跡一二。

博士固熱衷功名，尤醉心所謂特任之官。張作霖在位時，軍政、民權咸集諸楊宇霆一身，知非見好於其人，莫由如志，遂卑禮甘言以承其歡。宇霆惑焉，每語人曰：「東北新人才，欣伯當首選；以名觀之，百家姓以趙字為冠，詎為博士而設耶。」其傾倒若是。某歲，宇霆薦博士堪膺司法部長，眾嘩曰：「秋官重任，安可畀諸年少輕浮之人！」宇霆莫能辨，乃止，以事資遣赴日，授以密電冊。博士既渡濟抵扶桑，頻以電達宇霆，事盡洩。蓋密電冊忽失所在，竟以普通明碼傳之。至是宇霆瞿然駭曰：「孺子不足共大事也。」

王博士

昨記趙博士，今書王博士，二人博士之銜同，求學之地同，服官之所同，而人格則迥不同。博士名長春，浙之紹興人，嘗習機械於日本，得其秘傳。先世羲之先生作蘭亭記，寫山水之勝，人情之樂，文人學士至今傳誦不去口；墨蹟價奇昂，所謂落水蘭亭，值且巨萬，歷千數百年賞鑒家爭而寶之。博士之文章書法雅不逮右軍萬一，而製造槍炮、炸彈之能事，今海內一人而已。

博士面赤頂禿，短髮寥寥可數，偶爾戎裝佩劍，糾糾之態，令人肅然起敬。東西列邦所贈徽章，累累如貫珠，循序列胸間，燦爛奪目。與人交，無不言，言者不盡，而謀國之忠，事上之敬，尤匪人可及。初東北設兵工廠，耳其賢，禮而敬之。博士悉發其秘術，成槍炮、炸彈若干事，德、英技師見而咋舌。居十年，未進一階。朋儕乃告之曰：「以若所能，求若所欲，環球之大，中國之廣，足跡所臨，識者將延為上賓；而子盡瘁十年，一寒至此。」博士悟，如夢初醒，長呼一聲，不辭而別。

薛大哥[1]

薛大哥之名，婦孺皆津津樂道。余所舉之薛大哥，非戲曲中之薛大哥，而此薛大哥販卒亦能舉其名。然則果何人歟？洪憲僭號，屈節稱臣者，若斗量車載，後之政府擇其最，號曰八大罪魁，明令緝捕之，而以薛大哥為殿，其時固未嘗以大哥稱也。大哥之稱，始於甲子歲至乙丑、丙寅間，朋儕往往捨其名，呼之曰大哥，以其姓薛，薛大哥之名乃傳，儼然今之平貴也。薛大哥於洪憲偽朝，未干政，未出仕，獨於所謂御報之亞細亞，為文歌誦大皇帝功德，以是蒙罪。大哥自不能辭，罪至於魁，過矣。大哥嘗曰：「區區之名遍天下，則『罪魁』二字玉成之，是何幸而為罪魁！大丈夫流芳百世難，遺臭萬年亦不易。以書生共卿相一榜及第，榮乎？辱乎？流芳乎？遺臭乎？是非功罪，五百年後必有知者。」其放言高論如此，其達觀善處又如此。書生耶？罪魁耶？辨士耳，人傑耳。

大哥創日報曰「黃」，日出一紙，針砭政治，臧否人物，筆尖所到，有絲絲入扣之妙，讀者與林白水之《社會日刊》等量齊觀。內而公卿，外而將帥，莫不以一見大哥手采為幸。大哥成竹在胸，或拒或納，有固定之目標焉，愛者莫測其高深也。某歲，大哥挾策走關外，張作霖

1 薛大哥，即薛大可（子奇），袁世凱帝制時辦《亞細亞報》，為袁之喉舌。

親迎於階下，相見恨晚。其嗣學良復館於其家，待以殊禮。大哥橫陳一榻，議論風生，聲淚俱下，酒酣歌曰：「薛大哥，這幾年運不通。」哀楚動四座。學良知旨，厚餽之曰：「才大難為用，小住寒舍，以觀天下之變，毋為風塵所苦。」大哥唯唯。一日，擊几疾呼曰：「錢之為用彌廣，顧錢乃身外物，不宜久藏，藏必誨盜。吾非博不歡，博非永夕弗暢。」乃聚而博，博已，大負。一日復一日，無不如是，囊空空焉，大哥泰然不介意。人問之曰：「博以錢為注，無錢博不舉，子奈何？」大哥曰：「有錢宜博，博而負，數也；一旦無錢，則俟有錢之日復博，博而贏，偶爾事，容知久博不復負。吾之博有別於尋常之博，人以博斂財，吾以博遺興。謂之文明之博固可，謂之高尚之博亦無不可。甚矣，博不可無別也。」久之，大哥足跡所至，人皆樂近，更願與博。綜大哥歷年所負，以百萬金計。博進者，咸懷同沾雨露之恩，而大哥反以博施濟眾為病。於是知大哥之為人者，審大哥之為博者，同聲歡呼曰：「薛大哥博之君子也，博之聖人也。」

穎川生曰：薛大哥，吾友也，與余談文論事，往往自暮達旦，間語及博，余正色規之。大哥曰：「不為無益之事，奚遣有涯之生？」余無以難，終以其疏於治生為非。茲篇之紀，非敢唐突吾友，實無一字無來歷。以大哥之才、之學，下筆萬言立就。干諸侯，抵卿相，足跡半天下，交遊亦半天下，積資至百萬，而以揮金結客為豪，視金錢如糞土，不可謂非人傑。夫以金錢萬惡，國與國之爭，人與人之爭，何莫非此作祟！吾知薛大哥方齒冷於其旁也。余願大哥毋復以大好歲月，消磨於所謂高尚之博中，舉有用之身，有為之才，起而為國謀建設。大哥素不樂仕進，則工商之業，亟待賢哲為計，大哥其有意於斯乎？

長安丸

共和歷二十稔，無歲無內戰，甲勝而乙敗，乙勝而甲敗，循環往復，視為固常，毫不相讓。甲勝，例下令曰：「乙黨皆叛徒，罪無可逭。於是乙黨之人靡下一不遠遁。」乙勝，亦下令曰：「甲黨俱亂人，死有餘辜。於是甲黨之人匪一不隱藏。」此猶因競爭政權，至動干戈，決勝負，而有此現象。甚至罔論何人，一旦臨大政，握特權，或憎其人，或惡其黨，莫不孤行己意，而欲窮治其人，殲滅其黨，人之善否，黨之良否，不問也。吾於是舉長安丸事矣。長安丸，日本商船名，航行於横濱、長崎、大阪、門司、青島、大連、天津間，月之來復有定時，以中國亡命客之多，素視為便利。

往歲，張作霖既稱大元帥，部下唯一戰將李景林已解甲退居。有譖景林者，謂將召集舊部謀亂京津間，思一戰而改易政局，逐大元帥而別選極峰。作霖驚失色，不辨虛實，密令直督褚玉璞捕之，有就地正法語。玉璞固嘗出入綠林者，粗疏不解事，欲藉是報其宿嫌。蓋乙丙之交[1]，直魯軍與國民第一軍戰累月，景林任直軍總司令，張宗昌任魯軍總司令。玉璞隸宗昌麾下，猶偏裨，每於臨陣交壘之頃，玉璞未習軍事，恒手足失措，復不聽調遣，景林爽直，怒斥之不稍恕，玉璞懷怨思報復，已匪伊朝夕。至是以元帥之令，嚴限軍警官吏於三日內務獲景林置諸法，蓋已探悉景林將乘長安丸東渡矣。景林親信固眾，忠事之人尤多，頻以作霖、玉璞俱欲得而甘心之狀密告，請易船而行，毋自投羅網。景林因有戒心，顧友曰：「予常讀書，固知暴虐之下，正人君子人人自危，應守明哲保身之戒。雖然，鼠輩何能為，奚足懼耶！將見其多行不義必自斃耳。」及期，長安丸升火待發，行客先後至。至則軍警密布四周，船之上下前後左右皆滿，勢洶洶，若臨大敵，客之膽怯者，畏而挾行篋復上岸。搜索一晝夜，雖廁所、冰箱亦復檢視，卒不獲。駐津日司令官聞報，遣卒若干人保護商船。當檢查淩亂之傾，日兵有抗意，幾釀巨禍。馬福祥因事之大連，正居船艙內，將解衣就臥，軍警見其容貌舉止不類常人，詰問再三，知為曾膺疆寄之馬上將，視為瑰寶，乞示玉璞應否拿問？玉璞曰：「此馮玉祥黨羽也，或有反叛行，甚或與景林同謀，不能縱之去。」於是不問是非曲直，執而縶之，解往面元帥。元帥付有司，日久審其無他，始交保釋放，一時傳為笑談。玉璞之荒謬，至於斯極也。

1 指一九二五—一九二六年。

先是景林以左右苦勸，早戒備，貌似甚鎮靜。客至，必揚言決定乘長安丸行，偶有窺察消息者，叩行期，其言亦然，故使玉璞聞之。玉璞信為實，遣便衣軍警日夕往來於景林所，一面嚴防於長安丸之側，以為甕中捉鱉耳。初未料其一舉一動，無不為景林所愚弄也。景林心彌細，知變且莫測，以巨價預賃某租界旅舍房屋二間，置摩托車一輛，更易車之牌號，屬司機之人於某夜馳車俟於某地。一日，沽上盛傳景林將舉兵，作霖已令玉璞枕戈而待，而未知景林離津有日，預定乘長安丸去而之他。景林內愈不安，集臧獲面誡之曰：「予今夕登長安輪渡海南下，此去為日多寡不可計。汝輩平日執役尚小心謹慎，予行後，宜善事太夫人及夫人男女公子，勤有賞，怠當罰。」諸人皆唯唯。俄頃客至，詢今夕行否？景林佯曰：「什物已送入船中，行期早定，決不復延，延則誤乃公事。」客退，景林側目送之，以其人貌為親近，實受玉璞私託，來探底蘊者。景林既入內別太夫人等，呼侍從備車，昂然出大門，若無事。甫出，笑謂閽者曰：「你好好看門，我歸當有重賞。」復諭車夫曰：「馳至長安丸。」若使隱立於牆次之偵探聞之，用心良苦，而術亦多矣，中途繞道至預定停車之地，易車，復改道入某旅舍，立剃鬚易服改姓氏，鍵戶誦兵書，外人無知者，即日夕伺於其門之偵探亦復不察。翌朝，景林睹報載當局搜查長安丸事，狂笑不止。繼悉邏者不稍懈，復稅屋移居。當局以不獲其人，知必隱藏，有所，又恐或乘他船遁，防益密。景林乃無法可脫。此事既轟動，日方以搜船之舉為不當，馳軍艦入內河，以保護商船為名，海軍官排日趨岸上，徵歌飲酒為歡。為景林所聞，商諸某司令，謂長安丸不日復至，南下之約期已逾，政府中人盼即去，似不宜久滯。可否婉商海軍官於其夜返艦時，化裝偕行，以避邏者耳目？某曰諾。計定，果於夜間羼眾人中而行，抵界內，景林高視闊步，旁若無人。軍艦即刻馳塘沽，長安丸已候於海峽。當時宣傳景林以銀幣二十萬兩作保險費，始克成行者，絕無其事，蓋毀之之詞也。不三日，報載景林抵門司；七日後，復播景林會蔣介石（中正）於南京，被國府命為直魯招討使。作霖聞而太息曰：「虎兒出柙，吾人之敵，未可輕視也！」

白旗堡

乙丑冬，郭松齡舉兵叛變，軍次灤州，累戰皆捷，進至白旗堡。白旗堡距瀋陽近，循路軌言，若鎮江之於南京也。其〔時〕張學良率殘兵集興隆店，將謀反攻，文武官從者七人而已。作霖鑒大事已去，松齡而且旦夕率師入城，密傳紳商會諸府中，諴以松齡倘至，毋使擾民，一面移財帛於他地。議定，俟兵臨城下，退位而去。松齡以全功將竟，頗沾沾自喜。距料大禍之來，如電流之速，非人力所克抵禦。蓋松齡久戰餉竭，士卒久已疲於奔命滿天風雪中，什九僵凍欲死。故陪都舊城雖時時在望，而不可遽即也。眾方婉轉呻吟間，黑軍穆春之騎兵奉檄移防熱河邊境者，道經白旗堡，睹旗幟乃敵人所在，大驚，遂乘其無備，分兵繞道其後，共起夾擊。炮兵司令鄒作華聞變，亟倒戈相向，搗其巢穴（當時松齡之總司令部設此）。松齡挈妻狼狽而逃，莫知所往，且行且歎曰：「天實為之，謂之何哉！」遙見眾騎自後至，將及，二人遂藏身民家菜窖內。一卒瞥見地上遺名片壘壘，視之赫然郭松齡三字。試沿途審察，松齡之名片隨地皆是，菜窖門外復見一紙。適追騎紛至，下窖索之。松齡與婦身倚菜堆中，瑟縮無復人狀，俯首就縛。當眾搜檢二人之身，眾嘩曰：「郭夫人必藏金票。」（東省人呼日紙幣曰金票）自頂至踵靡不及，復檢腹下，一卒手按之，厚寸許，狂呼曰：「金票在是矣！金票在是矣！」解而視之，穢布耳！齊聲呼倒楣不置，一時傳為笑柄。松齡及婦既被執，統軍者急電報作霖，令即刻就地正法。二屍並運送瀋垣，暴露七晝夜，使人民觀之。此松齡之敗與其致死之大略也。其進身之始、治軍之歷、舉兵之因，復有說。

松齡字茂忱，遼人，卒業陸軍大學，歸任東北講武堂教習。其時張學良肄業於此，每入座聽講，以松齡練兵之道，反覆申說，殊傾倒，事以師禮，自是往還益密。知乃父作霖方羅致新人才，舉松齡才堪大用，曰：「今之汾陽也。」作霖傳與語，奇之，因被命為團長。松齡志不欲，終以學良遇之優，遂不言去。迨各旅重新編制成，學良薦松齡任六旅旅長，自任二旅旅長。兩旅聯合辦事，訓練之責松齡獨任之，宿夜匪懈，勞怨不辭。團長以上之進退，學良偶參議；團長以下之黜陟，大抵松齡一言而決，一時陸大學生為齡引援者未可數計。作霖所統震威軍約二十餘萬，論編制之嚴，訓練之勤，武術之精，當以二、六旅稱最。學良於松齡既歡若廉、藺，尤似焦、孟不可一日離。

甲子之戰[1]，松齡守九門口，挽垂危之局。戰罷論功行賞，諸將如李景林為直督，張宗昌為魯督，姜登選為皖督，而未經戰陣之楊宇霆且膺蘇督，其他諸人亦各得其所，獨松齡不與。漢封雲臺二十八將，而不及馬援，史稱以椒房之親故未選。松齡之向隅，果何因耶？而松齡之感觸萬端，抑鬱思逞，其基蓋種於是。當松齡之終日寡歡也，學良察言觀色，慰籍無微不至。松齡不言，而志早決。於楊宇霆督蘇未下令之先，學良建言李景林移蘇督，松齡繼直督，作霖無可無不可。宇霆方欲自謀，不謂然，議遂寢。於是松齡托疾居天津，遣弟大鳴與西北領袖馮玉祥結約，以津沽為幽燕門戶，景林之兵駐在地，舉足重輕，應與同謀。其時松齡猶以養疴醫院之詞傳播，避人耳目。有以其將叛密告學良者，學良曰：「齡果叛，吾先自殺。」自是左右雖知之，皆秘而不宣。一夕，松齡詣景林，語以將舉兵叛，問計求援。景林曰：「子行動，吾決不破壞，共謀應稍待。」言已互談他事。及辭，松齡尚顧景林曰：「我志決矣，公意云何？」景林對曰：「吾已盡吐曲衷，無他語。」松齡不悅曰：「然則，各行其是可已。」詰旦，松齡走灤洲，以電達天下，歷數作霖及宇霆誤國殃民之罪，主讓東北三省政權於學良；饒漢祥手筆，而文殊不工，視在

[1] 一九二四年第二次直奉戰爭。

黃陂任內所擬文電判若兩人。說者曰：「其言有稱有不稱，稱則動人也深，理或然歟！」玉祥以松齡之計既暴露，遣使徵景林意，謂：「應共進兵援郭，否則假道，而使西北軍與郭軍銜接。」景林期期以為不可。而松齡報捷電日夕數至。景林乃將魯軍一營駐津者收其械，復捕常蔭槐（時任京奉鐵路局長）等，並電請作霖退位讓賢示無他。外人不察，咸以景林叛跡不減松齡，事先結合，即此可見。雖不知景林斯舉之奇突，殆未嘗深思遠慮，始拒齡，復拒祥，則是舉又復爾爾，莫可解。自此責言漸多，景林之舉棋不定，誠予人以口實。其後為張、褚[1]所譖，不能見諒於作霖者，蓋種根於是矣。

松齡之戰方酣也，捨報捷電外，未致一字於景林。自始迄終，以一師充後防，懼景林躡其後，蓋二人初議即背道而馳，松齡之疑，詎非無故。軍事家某言：「倘無景林北倉苦戰之役，松齡當無白旗堡之厄，早已入踞瀋垣發號施令矣。」是說也，余存之。

1 指張宗昌、褚玉璞。

北倉

北倉，平津之要道，兵家必爭之地也。往者，庚子之禍，列國聯軍進攻天津，馬玉崑率所部屯北倉，聯軍奮勇力攻，日軍尤鋒銳莫可近。玉崑袒膊持大刀躍而前，手刃日兵十數人，相持數晝夜，卒以寡不敵眾，不支而退。而聯軍未遽長驅入都，慈禧、光緒得從容西避，賴此一戰之力也。後二十五年，復有李景林軍與馮玉祥軍血戰旬餘於其地，雖禦外視內鬥有別，而殺人流血奚異！

斯戰先於白旗堡廿日，實相為因果。蓋始於松齡之叛，景林未與同謀，而北倉之戰以起。松齡以後顧無憂，乘勢越山海關而進。倘使景林或同謀，分兵為助，或允馮軍假道經過津沽，則松齡已踞瀋陽。此舉固景林自衛，而作霖反因是化險為夷。此中因果，殆前定歟！

初，景林於松齡之相約共謀，玉祥之堅請假道，皆峻拒。迨事亟，玉祥遣使熊斌、王乃模說景林，應出師助松齡，不則移熱河任都統。景林大怒，擊几曰：「煥章此舉太輕我，我焉能恕之！君等可返報，謂我已整軍相待，同赴疆場，一決雌雄，勝無待言，敗則聽之。」翌日，下動員令。其時國民第一軍已漸集京師近郊；第二軍為岳維峻所統，任鄧寶珊為總指揮；第三軍為孫岳所統，任徐永昌為總指揮，皆集中保定一帶，躍躍欲試。景林得報，遂會請師旅團長於督署，謂戎首非我，戰罪有屬。余料國民二、三軍當先動，倘我軍敗退，國民一軍必從容沿京奉路入據津沽，勝則二、三軍首受創。而一軍必奮勇救援。三軍之士卒，當逾廿萬人。我軍只三萬，以一當十，成敗在此一舉。雖然，勝固難定，敗則可期，所冀同袍諸君共挽垂危之局。」諸將歡呼聲如雷，曰：「個人生死，惟帥命是從。全軍存亡，繫於此戰，敢後退者，願治如律。」及期，景林督師駐馬廠，與一、二軍血戰七晝夜，卒擊潰。果如所預言，於是一軍亟馳援，自廊房趨張莊。景林亦急移師北倉、楊村間，深溝高壘以拒之，累戰皆捷，致某師幾不成軍。相持十餘日，終以親信李某、張某反顏倒戈，不及數小時，而大軍壓境。景林歎曰：「豎子誤我，亦自誤也，成敗奚足計焉。」先是兩軍相持不下，某方許李、張以督長之任。二人不察，私計一舉可取景林而代之，初未審背叛之行之不見容於人，而終同歸於盡者。有史以來，何可勝記，豈獨李某及張某二人哉！論者曰：「李、馮之鬥，雖為私人權力所迷罔，要足為勇於內爭者鑒戒。」此事距今已七年，而武人私爭猶無已時，是吾所未解也。書北倉之事，竟不禁擲筆三歎！

楊二爺（一）

楊宇霆、楊毓珣，共事張作霖。久之，宇霆膺專閫，毓珣亦貳部，俱有楊二爺之目。茲篇所記，宇霆之往跡也。宇霆字鄰葛，遼寧法庫人。父母俱存，年皆耋耋。兄弟三，宇霆居次。初名雨亭，字麟閣。或哂之曰：「學名觀之不雅，盍易之。」乃取字異而音同者焉。以茂才投日本士官學校，卒業歸，任鄉里，莫能遂所志。已而為陸軍部曹，隸軍械司，司長翁之麟、科長韓麟春皆其同學友，宿有誼交，累揄於官長。次長徐樹錚納韓之請，試以事，奇賞之，以告總長段祺瑞，以其為遼人，且知遼事，每有故輒遣之出關作說客。時張作霖方任廿七師師長，與語頗嘉其機警善辨。宇霆自是往來京遼間，至必居作霖所，益親近。作霖既為督，將大用之，復因樹錚言，畀宇霆以參謀長，寵信冠同僚，軍旅之事悉以諮之。作霖固蓄野心，惑日者之語，謂乃帝王相，他日當統治天下，即不為君主，亦必為民主。乃思乘隙舉兵入踞中原。故遼軍數次入關，勝則進，敗則退，為日暫，而所獲多，終且成偏安之局。作霖之宿願以償，持之最力者宇霆也，廣布爪牙者亦宇霆也。震威軍之稱，以作霖曾授震威上將軍，即以官名名其軍，猶張勳之定武軍、倪嗣沖之安武軍。震威軍有新舊派之別，舊派諸將，皆作霖當年山寨至好，如已故之馮麟閣、孫烈臣，與今據要津之張景惠、張作相、湯玉麟等是。宇霆與諸人若即若離，而心實鄙之。新則學良為首，最信郭松齡之大學一系，復聯絡姜登選、韓麟春、邢士廉輩。宇霆獨自樹勢力，引常蔭槐、于珍、于國翰、王樹常、張厚琬、楊毓珣、翁之麟、米春霖之流為中堅，或與戎機，或總師干；又佯連姜、韓等，以士官同志相標榜，而各人之趨嚮互異。惟姜、韓二人最相善，其他李景林、張宗昌諸人乃介於新舊之間，可左可右，而為作霖所信任，則無分軒輊。宇霆之操縱其間，利用作霖之思想簡單，陽則尊之若帝王，陰實戲之如傀儡。稍習東北事蹟者，當無不知之，非余一人私言也。

甲子之戰既罷，諸將皆彈冠相慶，宇霆思壯遊江南。諗蘇督盧永祥不安於位，宇霆以時機成熟，自告奮勇。既拜命，率數師之眾，沿津浦路長驅抵金陵。坐未煖席，而浙督孫傳芳舉兵謀兼併。宇霆得報色變曰：「馨遠，余學友也，何怨何恨，予人以難堪耶！」已知浙軍以夜行，布淞滬之間，且沿太湖而陣。宇霆以無備，亟備舟車，倉皇渡江北上，布電稱退讓，諸軍皆未及行。陳調元懷怨思報復，乘其統將遠走，軍心渙散，合馬玉仁、白寶山之師環而攻之。奉軍不敢抗，從容棄械遁。是行也，宇霆以身免，而無一卒一器還。識者頗譏其膽弱，奉軍之聲譽因此亦大墮。不戰而退，宇霆似未能辭其責矣。當宇霆之甫受事也，疑調元、玉仁、寶山三將依戀故主，不為所用，議臨之以威，申之以法，使集中師旅待檢閱。調元等大恐，以為遣散之兆，從則不免為俎上肉，抗則非合力為謀無功，乃相約每一卒皆實彈而往。及期，宇霆稍立，寥寥數語而去。蓋已得密報，知急切必生變矣。宇霆之於傳芳也，同學日京士官學校，復同室經年，親愛若手足。二人既顯，政見互異，遂不復相容。傳芳未動員之先，海寧陸宗輿適自北至杭，語傳芳曰：「兩浙膏腴之地，以為不足，尚欲謀兼併其鄰耶，可止則止。」傳芳怒，幾置宗輿於法。因告人以宇霆之言大而誇，膽小似鼠，此行當不遣一卒，不遺一矢，而握石頭城於掌中也。

宇霆好接客，客至不俟其啟齒，輒古往今來，上天下地，引經據典，盡所欲言。客有倦而瞌睡者，歷時之久可知矣。居蘇督任，客蝟集，不必識其人，不問來何事，必延見。室以內座滿，往往聚紳者、屬吏、政客、議士、記者、軍人排列於四座，若將一爐而冶之。不俟眾賓之啟齒，大言曰：「江蘇財賦富於奉天，而政治不及奉天之良；人才亦多於奉天，而建設不如奉天之備。姑舉其淺而易見者有三端：即路不平，燈不明，話不靈（電話也）。吾因此起居行止皆不寧，遑論其他哉！」眾唯唯。是說也，國都南遷後，好事者每舉此「三不」為談資，不知此語實發自宇霆也。一日，江寧典獄長某請謁。宇霆語閽者曰：「此綠豆小官兒，亦欲來見我耶！可揮之出。」某固請，謂有要犯越獄事，必面督帥而白之。無已，延入，某方欲啟齒，宇霆率爾曰：「犯人脫逃，伊誰之責？汝尚有面目來見我耶？」某戰慄無人色，囁嚅曰：「此來乞罪耳。」於是陳述始末。宇霆笑曰：「獄有囚幾何？」曰：「數十人。」如此不太少耶？奉天監獄常患人滿，多時至數百人，即此一事，又可見江蘇之不逮奉天也。某退，以所語語人曰：「犯人之多寡，皆由訟而起，訟理則犯少，不應以多為貴。是誠楊督之失言，吾不敢辯也。」

宇霆於迭次政潮之起伏，無不親躬嘗試，能玩作霖於股掌上者，賴此為樞紐也。於用人一端，或賢或否，初不欲考量。毀之者，則謂其善於己者為善人，惡於己者為惡人。雖然宇霆於其人之生計，每在未進身之先為籌之審，大抵能各如其意。宇霆以為既若是待人，不啻推赤心置人腹中，人非木石，孰不知感，則遇事皆當樂為所用。為人即為己，此中消息，宇霆辨之詳，其聰明處亦在。此一念，似未可湮沒矣。

作霖寵宇霆以殊禮，排日入府治公，他員魚貫出入，守卒略舉手示敬；獨於宇霆至，大開中門，奏樂迎送以為例。治事於室內者，晨昏耳樂聲，群知宇霆甫至，或方退也。南人依附宇霆者，如鄭鳴之（謙）、王孟群（蔭泰）、楊琪山（毓珣）、吳少佑（晉）、張楞生（宣）、尹曉崗（鳳鳴）等。其最著也謙，曾官江蘇省長；蔭泰歷筦外交、司法部；毓珣則貳陸軍部，晉貳外交部；宣握東北電政全權於一手；鳳鳴則先後管理被服諸廠，皆富貴一時，惜諸人之言行多不審，未敢輕置可否之詞。謙與蔭泰則吾信其俱為端士矣。宇霆之死也，說不一。而其平日之好持己見，尚氣不虛心，作霖而外，罔論何人，視之若無物，以是積怨深，樹敵眾，久而莫能解。

某歲，張繼、周震鱗等先後入遼，叩以黨政軍三大要求。宇霆曰：「是不難，今日之事我為政。如某某或老而無恥，或少不更事，曷足與說國家大計？」語漸傳諸外，某某不能堪，而殺機遂伏。一日，宇霆為父母稱觴，傾城文武官往賀，門外汽車陳列如魚市，途為之塞，歌舞達旦始止。甫深宵，宇霆倦欲眠，入內稍憩，侍從忽報壽堂紅燭為雄雞撲滅。詢以此雞何自登案上，則支吾無以為對。聞者僉曰：「不祥。」

初某[1]約張作相入，語以將置宇霆及常蔭槐於法。作相曰：「此二人皆大吏，死生復大事，功罪亦應察，似不宜操之過急。」無成議而散。越日，某詣張景惠語如前。景惠切齒曰：「速撲殺此獠，以符除惡務盡之旨。倘有後患，予當出而共肩責任。毋延，延則謀洩，洩且禍及身。」於是急電卜奎召蔭槐來遼會議，預計將至之時刻，於其時召宇霆，稱有要事待商決。宇霆得報，

[1] 指張學良。

亟呼車。既入，復□進內，步行於廳廊，苦思良久，復出，登車飛馳而去。至則某顧之曰：「漢湘（蔭槐字）即來，公稍坐，余饑甚，樓上飯已備，食畢，再約一人為樗蒲戲。」俄而蔭槐至，二人正握手交語，槍從門外及窗口齊下，俱死焉。此中是非，吾人烏從知之耶！

楊二爺（二）

是又一楊二爺也。楊名毓珣，皖之泗縣人。於余為至戚，以情言，以理論，吾不能譽之，亦復不欲毀之。故其政治上之經歷，知者當有定評，無待詞費。且舉其二次虎口餘生之事蹟，使讀者知其人固虎虎有生氣，遂爾履虎穴而復得離虎口也。

冒瀆崗，山名，屬魯之嶧縣。孤峰獨聳，小道羊腸，望之僅見人影，實為匪之逋逃藪、安樂窩，匪視之勝於桃花源。毓珣非高士，南陽劉子驥所寤寐不忘者，竟於一劫之中而遇之。群以為禍，吾以為福。先是毓珣以張少軒（勳）之介[1]，往遼依作霖，作霖見而偉之。三角聯盟成，遣赴東南為代表，議終，取津浦鐵道北旋。匪眾伏車驛，俟車過，鳴槍登車劫奪盡所有，一時呼

1 指張作霖、段祺瑞、孫中山聯盟反對直系軍閥。

號之聲震天。匪既滿載，復將客之在一、二等車廂者，不問孰為東土之人，孰是西方之士，男女老弱，一律平等待遇；縛之以繩，驅之以鞭，使魚貫而行，絕肖趕豬、牧羊之狀。毓珣自臥車拖出，身衣綢衫袴，且驚駭，且瑟縮，不敢不隨諸大夫之後而行焉。即入山，雙足至皮裂血流。自度無生還之日，或命盡頃刻間，不禁涕泗縱橫，呼天莫應，呼地無靈也。匪視眾若奇貨待沽，尤重西洋出產品，囚於布篷之內者上賓也，許在草地而眠者特客也，余則使淘米煮飯，或挑水荷糞，觀其啼笑皆非、死生靡測之狀以為樂。毓珣特客之一也，睹二匪互相談笑，而目側視毓珣，若甚注意者。毓珣疑將不利於己，亟近前傾耳聽之。知二匪所談者，張敬堯督湘往事，大喜，思以一言動之。笑顧二匪曰：「張大帥，吾長官也，爾輩豈其舊部乎？」匪曰：「然。爾何人，何緣識吾大帥？」毓珣曰：「不獨識之，且為盟兄弟。帥左右文武，泰半熟人。爾輩兵士，宜莫知予為何如人也？」匪曰：「大帥紅人毛司令正在此，距離數十武，戎裝佩劍，指揮徒眾操演者，即其人也，君當識之矣。」毓珣曰：「毛某在此耶，吾思之久矣，爾輩可引導一面之。」既至，毓珣率爾曰：「大哥別來無恙耶？」毛聞語，駭然曰：「似曾相識。」毓珣曰：「昔者張督治湘，子統兵，予居戎幕。一別多年，子奈何為盜魁，而以予作肉票耶？」毛曰：「此非吾一人之過也。帥既敗，軍潰散而之四方，我部輾轉入此山；不殺人，但劫財物資生活，所謂鋌而走險。自信其心不可問，其情又豈得已哉！君適逢此劫，我輩之罪上通於天矣！」毓珣曰：「吾人固老同事，相逢此絕妙之山巔，亦屬因緣。君等如此，終非善策。魯督田中玉，吾故人，可以一言要求其收撫。一旦改編軍隊，同為國家干城，田督當不致歧視。亮兄等或樂於投誠，則吾明晨下山去，三日內報命。」毛以為然，曰：「茲事體大，非區區所敢專，應乞示孫老總美瑤示可否？」毛約毓珣同入謁，至則美瑤方橫陳一榻，吞吐福壽膏[1]。毛先述來意，且及毓珣歷史，美瑤沉思良久，曰：「是固無可無不可。吾人流離顛沛，至於為匪，誠為國法所不容，人情所深惡。固未嘗不欲為良民，高情厚誼，實獲我心矣。」

言已，呼侍從張盛宴以餉毓珣。宴罷，復對臥於煙榻而談。美瑤持煙槍讓毓珣，毓珣不嗜此，再三辭。美瑤強之，至於大醉。及旦，藤肩輿已先俟於門外。美瑤盡出劫得之財帛，使毓珣自擇。毓珣曰：「吾不需此。」固請。始曰：「吾之衣物安在？倘可得，則取之。」美瑤曰：「物歸原主，有何不可。」於是令左右搜索，久之不可得。美瑤情意殷殷，必欲其取一二物而後快。毓珣遂取長袍一襲，鈔幣百元，曰：「衣以蔽體，鈔則旅資。」及辭，毓珣登肩輿，八人抬之下山。抵嶧縣，易車如濟南，趨督署投刺請見。中玉延諸上座。毓珣娓娓陳拾始末曰：「匪眾不可輕，與其貽無窮之隱患，孰若招撫，藉收釜底抽薪之功！」中玉大喜過望，使毓珣回山磋議，倘所欲不奢，當如所請。毓珣返報，語美瑤以此行結果。謂以後之事，公等自決，吾不及待，行矣。此事當時勝播中外，而毓珣與美瑤一段趣史，則無人能道之也。

1 指鴉片煙。

毓珣既得毛司令之刮目相看，復以孫寨主之寵以殊禮，言聽而計從，誠肉票被囚以來所未有之奇遇，不獨為肉票吐氣，且足為肉票生色。其他肉票視之，幾如人禽之判若天壤也。毓珣喜出望外，苦口說匪投誠，卒遂其脫離虎口之願。其機警善於應變，可謂加人一等。此中尚有一驚人之舉，足以大快人心者。其事則義大利人穆某，久流居海上，結黨作翻戲，嘗以輸運軍械誆人財帛，所謂外國流氓也。壬戌冬[1]，韓芳辰（麟春）奉作霖密使如滬購軍械，為穆某所聞，輾轉央人得介見麟春，逞其雄辨之舌，謂歐美之精良武器，皆有術致之，尤有信於德之克魯伯廠，定價視他廉，取貨視他速。麟春惑焉，遂以二百五十萬元之代價定約，先予五十萬元約質。久之，穆失所在。其時盧永祥方護軍淞滬，於奉方有連。麟春告以此事，永祥亟詣其駐地之領事。領事傳穆至，責以詐欺取財，污辱國體，令穆還原款。穆理屈詞窮，不得不從。而契約則佯稱已毀棄，挾所有北上，揚言謁其國公使，而就政府直接交涉，不意中途膺肉票之選。毓珣於此事之興也，固躬與調解，既遇穆於山中，立舉其事以語美瑤。美瑤出所有劫物檢之，穆之皮囊在焉，隨手以刃穿其皮而破，取所有契約，撕之如蝴蝶舞，而滿天風雨消散於俄頃矣。作霖之優遇毓珣，此其一端也。

楊宇霆督蘇，特設軍務廳，畀為長，兼為江蘇憲兵司令。宇霆既因浙軍之進攻而遁，毓珣遂亦不得不去。車次烏衣，陳調元之師蜂擁而前，槍彈如雨下。毓珣隨行之衛兵寥寥莫能禦，其

[1] 一九二二年為壬戌年。

危不啻千鈞於一發。毓珣伏車中待死而已。俄而眾漸散，毓珣乘間跳車奔，莫知所之。奔而至於郊野，見鄉農騎驢，徐徐行於阡陌間。毓珣顧之曰：「與爾巨金，以驢畀我可乎？」曰：「驢為吾衣食所恃，一日離驢則工作息，吾一家且不獲一飽，須巨金何為？」毓珣曰：「不特此也，並爾之　帽，便衣亦欲之。」鄉農笑曰：「軍爺何神色倉皇若是？莫非自戰線敗逃，而思以金易吾之驢，且及吾之敝衣、垢帽耶？」毓珣曰：「爾悟其旨，胡不與我？鈔幣在懷，探囊可出也。」鄉農正色曰：「不可。」毓珣情急哀之曰：「與若二百金，即市一駿馬，並緞帽、綢衣皆足。不然，持金復買一驢，重製新衣帽，不勝此多多耶？」農動容，許焉。毓珣喜計酬，立卸戎裝擲諸地，目鄉愚曰：「爾可反穿之，速歸。」而盡易農之所有，跨驢而行，且行且回顧，惟恐追騎之至。中途自驢背下，取地上煤屑就河畔引水塗諸面，視之儼然煤廠執役之夫，不疑其乃化裝之赫赫陸軍中將也。私心自許極化裝之能事，當不虞有他。夜深抵湯山，叩父執龔錦章（心銘）別墅之門。心銘驚而起，安慰有加，幸其脫險。一宿至十二圩對岸，棄驢渡江，易船達瓜洲，登金山，詣甘露寺。以素不迷信之毓珣，至是莫能自判其前途之吉凶，亦不得不問計於神，遂伏地叩首求籤示。簽中四句所云至靈驗。後毓珣語余，今已不記憶，其第三句云：「恰係猿剛脫鎖。」證以是語，而神已先知矣。

及暮，毓珣買醬油一瓶，豬肉　斤，持於左右手，俯首入城外小客店。店主詢來歷，詭稱鄉農進城賣牛，牛賣，天昏不能行，止宿待旦而歸。正問答間，巡查之憲兵至。毓珣聞聲亟提高其江北口音，置銅元一撮於手曰：「一五、一十、十五、二十……」以至數十，連續數之，示人以不疑。憲兵睹狀，不禁狂笑，互語曰：「一鄉下人，身懷數十銅子，高聲數之不已，可謂眼小如豆矣。」因未加盤詰即去。毓珣驚魄始定，不覺大汗之沾襟。詰朝，江輪自西下，經瓜洲，將馳滬。毓珣買三等艙位，一詣輪埠，軍警詢何往？毓珣佯對曰：「赴蕪湖。」恐其復有所問，情急智生，出袋內銅元數十枚擲諸地，鏗然有聲，俯首伏地拾之。軍警以其阻行人，叱之去；舉足蹙之，拔刃向之，曰：「快滾，快滾！」於是毓珣隨滾滾之聲，而登輪、而入艙。既抵滬，下輪呼摩托車。車夫哂之曰：「此車富貴者所乘，抑豪俠之士所坐。爾一下流人，污穢襤褸至此，有是厚福耶！去，毋溷乃公事。」毓珣且笑且視以鈔幣曰：「若所需者此耳，斤斤於人之上下等、衣之麗都與襤褸者，詎可謂之營業乎？倘以單車送吾至浴堂者，當予以五元。」車夫曰：「噫嘻！初不料一鄉人竟如是慷慨。」遂疾馳而去。及門，進電梯，司機拒之曰：「爾誤矣，是乃高貴浴池，非爾輩潔身所也。」毓珣曰：「速開機，毋絮絮。」侍役睹狀異之，不許其入室。至是，毓珣不得不吐實曰：「我乃往日常來之楊二爺也。」侍者乃不復語。於是解衣就浴，揮簡致其兄毓瑛送衣至，並遣車迎焉。

長二寸

昔有張仁者，好色而多疑。將之官，以邊陲途遠，缺復瘠，預計一任三載，或將不名一錢。其婦足纖，不良於行，倘攜而之任，雖鬻產尚不足抵盤川。苦思三晝夜，乃決孤身獨往，行李一肩。及辭，語婦曰：「此去三年方得歸，幸則進階，不幸則還我白丁本來面目。財之一字固難言，矧吾性不貪，即不虧累，已屬僥倖。」婦對曰：「前程萬里，一帆風順，吾欲良人他日封侯，貴為一品之婦；此綠豆小官，乃仕宦之始，不可為而實可為。」仁曰：「人孰不樂富貴，卿意厚我，良感。此行不貪贓，不枉法，倘天假以緣，何難致卿相之位。顧有一事乞夫人同情，吾既一時不克歸，卿之妙處宜粘一封條以示信。」婦曰：「是無不可，請以封條自黏之，他日自啟之。」於是大書特書曰「張仁封」，對目的地而貼焉。三年後，仁歸，入室破題兒第一遭則察看封條是否原封未動。及見，只其半，曰：「長二寸。」大驚曰：「糟糕！糟糕！」婦恚曰：「時已三年，保存迄今以日計之，合為一千零八十日，難免而不浸潤無已，費盡千辛萬苦之力，而保存其半，若憂懷疑耶？」仁曰：「吾知罪矣。」此往古之一段笑話也。

丙丁之歲，韓芳辰將軍（麟春）治軍遼平間，其戚張仁者多內寵，力倡採用西洋鎖女子之物以防之，於是僉舉昔者張仁往事以告。聽者無不掩口而笑，張仁亦莞爾。好事者指張仁曰：「君亦可謂長二寸矣。」

米與蝦蟆

張學良麾下有二少年，曰馮武越、李應超，皆粵人。武越背駝，頸下垂，身軀短小而瘦。蝦之乾枯者曰蝦米，厥狀殊似之。應超肥而矮，手長且巨，雙足粗短，嘗喜跳躍，作醜態，狀若蝦蟆之舞。於是群戲呼武越曰蝦蟆，以蝦米號應超。二人不為忤，且微笑承之，以示尊號他人非可僭竊者，其雅度靡可及也。余嘗戲對武越曰：「如子之狀貌，以蝦米得名，宜置蘭花二三盆於左右，攝一影，題曰蝦米炒韭菜，不亦妙乎！」武越笑，無以為答。復偶戲應超曰：「子善舞，此時髦女子至多，盍擇最粲者一人，攝一影，題曰癩蛤蟆想吃天鵝肉，不亦妙乎！」應超大噱，亦無以為答。諧語少敘，且歸正傳。

武越世家子，其父祥光，叔耿光，俱以仕顯。學飛艇機械於巴黎，操法語純熟可聽。應超則留美學生，西方語言甚流利，皆有為之材。武越初至遼，任航空處科員，繼進階三四方面軍團部外交處科長，以創刊《北洋畫報》離職，於報端署曰「曲線怪」，應超始任事京奉鐵路局（今易名北寧）局長，曾廣勷摯交也。學良好球戲，嘗於晨間挾群從遊於郊外，競高而夫為樂，應超頗擅此。廣勷以應超薦，既入幕，學良狂喜，如太宗之得房、杜，寵以外交秘書，只擁虛名而已，固未嘗問一事，擬一牘。春間傳其病死，一說已痊。余識武越、應超久，知其懷才不獲用，一則以蝦米編畫刊，一則以蝦蟆伴球戲，視所謂四大名旦者，瞠乎後矣！

百科全書

凡走遼寧者，震百科全書名，往往撟舌不下。既之久，所謂百科全書者，正如一部全書只見其題目累累，題目以內應有之文章則不見一字。蓋有一人焉，通英、日語言文字，於內政、外交、員警、鐵路、航空、教育、實業諸要務皆親躬與其事，諸官亦遍歷。與人語，四海之廣，無不知之事、不識之人。人以是奇其才，因有百科全書之目，其實固不若是之博也。北伐告終，遼於中央正謀於統一。中央遣某為說客。某至，遼帥遴派「百科全書」接待。某訝曰：「此百科全書也，我輩奚足以當之。」一時傳為趣談。「百科全書」，人極長厚，待人彬彬有禮，固幹材也，佚其名。

老楞

楊宇霆之死，其因其罪，吾儕小民莫能知底蘊，當以見於官文書者為可信也。其事蹟別著於篇。而宇霆於用人一端，自有其見解。所羅致之人，固未必人人皆賢。其始則絕無交誼，聞人言而百計求之；求而得，得而加以優遇，使各知其意。故生死患難之交尚有人焉，老楞其一也。

楞為人，外和懌而多機詐，握東北電權有年，舉凡電報、電話及無線電諸機關，皆滿布爪牙。眾側目，以宇霆信之堅，莫如何也。

楞，南人，嘗以江南山水秀媚，人才薈萃為宇霆語。宇霆乃思一臨南土，而覬覦蘇督之念遂生。盧永祥既求去甚亟，張作霖初擬移直督李景林於蘇，以郭松齡督直。宇霆不謂然，而自告奮勇，藉作霖名義，密遣老楞持書謁執政段氏，下令以宇霆督蘇。段猶豫，楞聲色俱厲，曰：「令一日不降，吾一日不去。」段知不從且生變，遂下令。宇霆聞之喜，曰：「老楞以蕭、曹之才，富蘇、張之辯，吾何幸而得此良友也。」昨年宇霆死，老楞被嫌入獄。旋解，宵遁大連灣，築室海濱，自稱流民焉。

炮李

遼軍既數度入關，雖歷時無多，而人民脂膏，貪吏搜括殆盡，卑卑小官亦皆滿載而歸。在上者固未嘗不誡以廉潔，在下者則置若罔聞，以升官發財之機會不可失。試觀瀋陽城內外華廈岑樓千百所，摩托車相望於道，干以見百官橐橐之豐，以是思向外謀一時之利祿，歸而營菟裘終老者，不可勝數。大軍之屢次蠢蠢欲動，何莫非若輩平日鼓簧之力，惜在上者之徒為人謀也。

東北兵工廠之設立，規模巨集敞甲中國，有東亞克魯伯之號，耗資逾萬萬。蓋當局知戰爭不可無利器，遂有此豪舉。如迫擊炮一事，辟專廠製造，以李某司之。李年少，富才略，勇於任事，和藹可親。初無知其人者，因理迫擊炮事漸露頭角，眾乃呼之曰「炮李」，而不知尊之耶，偶相戲耳！

昏君

專制之世，登九五之尊者，或紀綱不振，政治不修；或親近奸邪，避遠忠信；或醇酒婦人，縱欲敗德，於是人民群起而目之曰「昏君」，蓋喻其終日昏昏不理事，甚至不解事也。若隋之煬帝、陳之後主，昏昏之名，今之人猶稱道不衰。然則，捨帝王外，孰得而昏君之？孰敢昏君之？然而不然，以今日無君之時代，凡屬平民，不昏則已，昏則人人皆得而君之。

李謙六（垣）[1]，方面大耳，須短體肥，聲若洪鐘，步如飛鳥。能歌，歌黑頭，但不常開

[1] 李垣，字謙六，一九一八至一九二二年曾任恰克圖佐理員，科布多參贊，代理庫烏科唐鎮撫使。一九二六年任京兆尹。一九三五年十一月殷汝耕的冀東防共自治委員會（翌月改稱冀東防共自治政府）成立，李垣參加，任貨物查檢所長。

口，偶爾消遣三兩句，餘音繞樑，彷彿活曹操出現。垣為同文館高材生，資格至老，操俄語純熟可聽，倘隔室聞之，或疑大鼻子之談話也。

當作霖整飭軍備之會，為期在十年前，辟垣為左參贊。其垣甫自庫倫都護副使任滿還，道經瀋陽，作霖以其久官蒙疆，嫻習邊務，故挽留之，藉資臂助。垣為人城府深，治事若解若不解，實則不解處，絕非不解，以其事不欲人之窺其奧，遂以不解應之，而使人無辭可質，久之昏君之名應時而生焉，就事而起焉，人呼之昏君，每自笑曰：「哈哈！哈哈哈！」

歲丙寅，奉軍長驅入關，大有左右天下勢。「昏君」思為京兆尹不可得，乃告學良，以作霖意已屬之。學良曰：「老帥命，惟有服從。」昏君又語作霖，以學良嘗徵其同意，不敢遽允，乞帥一言定進退。作霖曰：「子官京兆尹，一旦守土治民，當能得人心，舉政事。」於是下令。或曰：昏君不昏，而佯示人以昏，間有事則昏，而人以其不昏也，未嘗以昏視之。是昏君不昏，昏君倘見此昏君之文，而以作者為昏，作者亦只得以昏自解矣。

萬壽山

萬壽山，乃頤和園之別稱。其山位園內，當清慈禧后垂簾聽政，值五十壽，移海軍經費兩千萬建築而成。景仿西湖，雖無天然之態，而華麗過之。每年夏，后逭暑其間，幾不聞理亂。專制之世，帝后生辰輒曰萬壽，遂以萬壽名其山，蓋以示慶也。越三四十年，不獨萬壽山可為平民遊觀憩息，且有赳赳武夫之萬壽山應運而生，是焉可不紀。

萬壽山者，福麟[1]之字也。福麟身世，余嘗於其為母九十壽徵文啟中知其詳，久而健忘，不復憶其辭矣。

福麟起家行伍，隸九五將軍吳興權（俊陞）麾下，薦擢至軍長，統騎兵，嘗率眾入山剿匪，以功膺上賞。已而歸張學良指揮，轉戰數千里，雖無功，而未嘗有失。十七年奉晉之戰，福麟軍次龍泉關，枕戈待敵，固有備。其時晉將商震以計偷渡紫荊關，至於河北省之完縣，距龍泉關匪遙。福麟得報，以腹背受敵，乃全師而退，震得圩道入保陽。福麟既退，退而集京郊。學良命隨各軍同行出關，復遣之駐屯邊陲，福麟喜還家之樂。

---

1 萬福麟，字壽山，吉林農安人，奉系軍閥。曾任奉軍十七師師長，第八軍軍長。一九三五年十二月，被任命為冀察政務委員會委員、晉升二級上將。一九四九年至台灣，被任命為總統府國策顧問。

學良率東三省歸附中央也，福麟實贊其成，統一之局乃定。學良薦諸政府，畀以東北邊防副司令官，駐齊齊哈爾；其後兼為黑龍江省主席，握軍民全權於一手。為人爽直，而目不識丁，每披閱文卷，待幕客解說而後知其事。於事之判斷，則大都無誤，可謂福至心靈。雖如是，而大權猶落於其長子國賓。國賓方弱冠，年少未更事，盛氣或不免，比傳其因日方入寇，挾鉅款遁，非外人所知矣。

福麟身長而面團，鬚濃而黑，楚楚有致，望而知為庸人而有庸福者。其在燕京時，嘗以事進謁學良，偶遇良事冗，不克接談，則俟諸他室。見余必絮絮道軍事。一日，余理事方竟，福麟已久坐，見案上置博具，俗所謂牌九者，福麟取而傾於几間，要余互戲，辭不可。二人輪為莊主，一人下注。計牌三十二張，每次各執二張決勝負，及八次而盡，仍周而復始。共議每次以銀幣一元為度，凡數十次，福麟負。至是，學良出而與語乃止。及今思之，猶昨日事也。

馬大夫

北人呼醫生曰大夫。馬揚武者，魯人。生長於燕，習醫於日，善刀剜、針灸之術。面白皙而團，雖訛稱大資本家，人或不疑。隨張學良有年，出入必偕，寢饋必待，東北系人無不知有馬大夫者。以每月無定脩，學良每興至，輒予鈔幣累累，馬大夫數而樂之。學良既宣告戒除嗜好，屬馬進以補針，未一日斷。或告學良曰：「滋補太過，反有害。」學良悟，責馬知而不言，應任咎，漸疏遠。後竟以某事繫獄，旋解。今羈鴨綠江外，以醫自給也。

陶老爺

人而稱老爺，當在四十外。世有五代同堂者，其家之臧獲，稱其行輩最卑之主人曰相公，其父曰少爺，其祖曰老爺，其尊祖曰老太爺，其高祖曰太老太爺，非是不足示區別。以此推之，絕少二三十許少年而有人呼之曰老爺者。

東北政界，於四十外之人，儕輩朝夕過從，慣以某老爺相呼，初不必出諸僕侍之口。吾友陶念新，老爺中之最著者也。念新名尚銘，浙之會稽人。鬑鬑四十，溫溫可親。父仕清，歷官監司，通日本語言文字，四十五年前為駐日外交官。尚銘生於東京，及長入學校，習和文甚勤，嘗往還中日間，有日本通之目。以父久宦遼，親故多，因家焉。居大府，司舌人，一事一語之出，至審慎。張作霖督東，奇其才，使不離左右。作霖歿，學良亦重之。性高潔，異流俗，不樂與人競，貧幾不能給，朝夕晏如也。作霖方為大元帥，上之內而部院，外而督長；次之內而參司，外而廳道；下之內而僉主，外而縣局，莫不人人爭先攫取。或以語尚銘曰：「人皆有妻妾之美，衣食之奉，子勞瘁多年，甕飧不繼，白髮高堂應養，黃口稚子待哺，奈何堅貞自守至此？」尚銘曰：「當貴在天之說，夫子固嘗苦口而道，讀書之士詎忘之耶？」一日，作霖召尚銘入府，曰：「吾子相從十年，飽嘗辛苦，論功行賞，早應畀以高位。予意津沽當外交之衝，子諳通條約，熟習外情，足勝交涉使事之任。」尚銘以才拙識陋辭。作霖曰：「予意已決，毋固辭，辭亦不許。」既退，尚銘以語某，某曰：「直督之褚，殺人不眨眼，位尊如艖使，隨手舉槍擊斃之。君文弱不工應時，必凶多吉少。」尚銘以為然，誓死辭新命。時方任外交部秘書，白部長另選賢能請簡。後復語它人，知交涉員例兼二五附稅處事，月入巨，薰心利祿之徒，或聞而後悔，尚銘則一笑置之。

乃者，日兵入寇東三省，於沖漢、趙伯欣皆以日本通居高位。尚銘於日方諸人皆素習，獨隻身遠避。邇有見之於燕市者，尚銘問之曰：「穎川生何往？」蓋余北居十餘年，昨春始南下，平日罕通尺箋，故予之蹤跡非尚銘所知。余因念陶老爺不置，遂作此以慰故人想思之切。若云以陶老爺為資料，則吾豈敢！

香水司令

司令至尊嚴，烏有司令而以香水名者。則其香之四溢，而為人所樂嗅也明矣。夫以堂堂司令，而貫以香水之號，是可異焉。讀者疑吾言乎？

劉某，隱其名，皖之合肥人。長身玉立，腋患狐臭，每近人，人皆掩鼻。劉不能堪，購香水灑諸四體，馥郁之氣往往自臂間而出，薰人欲醉，於是朋儕進以徽號曰香水司令。劉聞之，不以為忤，反笑曰：「吾能以香使人入鼻而生羡慕之思，吾腋雖有患，已為此香溢染而去之。腋之不能離香也，香之效力有如是耶！」聽者以劉誠能善自解嘲。

劉精飛機術，當東北方築飛機廠，舉辦航空。學良耳其名，延之至，畀以隊長。繼驗其駕駛之材異眾，擢航空處處長，晉司令，駸駸將大用。而香水之氣不衰，蓋嘗傾香水於腋間，未一日斷也。常乘機飛騰天空，作迴旋舞；以手握機，能上下左右其勢，勢將覆，觀者無不為其危，劉泰然自若，其技之高於是可見。某歲，駛機越葫蘆島而過，同事某以機隨之。及途，並機而行，以議論不洽，互罵不休，各以死自誓。二人皆撒手，機漸降；忽又悔，飛行如故。事後舉以告人，一時傳為趣談。

甲子之役，奉軍三度入關，達於平津。香水司令率飛機數隊為前陣，曾舉一彈，毀北京著名飯莊天和玉，食客數十人耳司令之名，而膽碎，而心悸。司令既建奇功，得膺航空署署長。署長猶次長也，貴而慕風雅，日走琉璃廠肆，就古董商人上下議論。目所視，心所欲，不論物，不計值，必羅而致之，置於廳事，以炫人耳目。客見而驚異者，謂司令驟貴，吾儕所目睹，觀此琳琅滿目，則司令不又暴富耶！司令嘗以三百金買木牛一對，雖雌雄莫辨，而雕縷欲活，西洋賞鑒家如福開森之流，見而稱為神品，曰：「此無價之寶也。」司令若解若不解，卒以福老一言視為奇貨可居。一日，司令柬召余，告以製精饌美酒而待。余未忍拂其意也，立詣其居。司令以余薄負鑒別名，出雙牛於楠木箱中，欣欣而語曰：「此一對木牛，不能言，不能食，不能耕，而其價則遠勝能食、能言、能耕之活水牛萬倍，外賓許我以五萬金，勢將攫而去，吾不忍捨也。」余不識牛，更莫辨木牛，以司令愛牛如子，寶牛若璧，不得不乘其興而為之詞曰：「是牛也，當藏諸櫝中，待五十年後而出售，其值應不可數計。」司令色喜，以為知音。某夕，將至天津，瀕行，移木牛於保險櫃，下鍵，置鑰匙於衣袋，笑請其二品夫人曰（次長等侍郎，侍郎秩二品，故云）：「燕京多盜，倘若輩光降，盜及吾木牛，猶置吾於死地也。卿其慎之，吾且誡臧獲嚴防焉。」夫人狂笑曰：「安有木牛而為寶物者。洋鬼子之言，絕不可信。君之友亦皆侮弄之辭，奈何執迷不悟耶？盜果竊之去，何足惜！」司令不悅曰：「吾平生有三愛，一愛吾賢妻，二愛吾木牛，三愛吾飛機。三愛缺一，吾何能堪！」司令三日而歸，歸而入室啟藏牛之櫃，喜曰：「木牛，木牛，汝無恙耶？吾為汝三晝寤寐不安矣。」歸坐於旁，格格笑不止。

其時張作霖拜大元帥位，改官制，裁陸軍部、航空署，置陸軍、海軍、參謀、航空四次長，位軍政部總長之次，曰軍政部。司令以航空署長之尊，變而為航空次長之貴。軍政部長何茂如（豐林）固嘗以大將臨陣，而溫溫若婦人。司令輕之，遇事則齟齬，其他三次長乃群起而謀去之。語為大元帥所聞，召入對。作霖厲聲責之曰：「予視爾為遠大之器，且以航空人才無多，次長非卑官，不應事事兒戲。」司令不稍屈，應曰：「誠是，如罷職，可已。」即日挾牛離京而去。

或曰：「司令為人殊機警，以惑於木牛，疑為恃此可致富，至神經顛側於其中，誤政事罔覺，卒將皇皇次長而失之，不可解矣。」

興隆店

乙卯，郭松齡之叛，旦夕且入瀋陽城。張作霖知大事已去，擬將印綬交公團而退，文武百僚皆戰慄無人色，誠以松齡之暴，禍且不測。其時學良集殘餘，布陣興隆店，從者鮑文樾等七人而已。學良哭失聲，諸人應聲盡哭，誓共生死。學良指室中所置篋箱曰：「此中銀元、紙幣俱有，諸君相從憂患，備嘗艱險，誰無父母妻子，可取而分之，各向前程。吾惟一死耳，不死無以解於吾父，且無以對先我而死之士卒。」諸人苦口相慰，學良意稍解。危急存亡，不啻千鈞繫諸一髮。當斯時也，學良之死與不死無關大局；果死矣，則更示敵以弱，益長松齡驕橫之氣。初不臆垂危之間，而有黑軍穆春之偏師突出擊其巢穴，執松齡夫婦明正典刑，滿天風雨，消散殆盡。學良乃重見天日，殆數存焉。

或曰：松齡敗於白旗，白旗，兵家不祥之物也。學良軍次興隆店，有興起隆盛之兆。是說也，解嘲則可，以云存亡生死之所繫，固不在地名之美惡也。世之握軍者，幸毋迷信斯言。

馬

馬，人也，非馬也。馬而人，則人之姓馬矣，是人固不啻千里馬也。今世無伯樂，而有千里馬，此千里馬之在今日，幾無途可以疾馳，而馬苦矣。甘肅有五馬，勢甚盛。江蘇一馬曰良，文而不武；山東一馬亦曰良，武而不文，顧皆非此馬之敵。戲詞中句曰：「提起此馬來頭大。」余所指之馬則來頭小。

初，出入山林，人無不以野馬呼之。迨獲屋而棲，擇槽而食，人猶未以為奇，馬之不幸也。馬久隸吳俊陞部下，善騎射，十年歷階至旅長。俊陞死，歸萬福麟指揮，馬非所願也。往歲入關，常與余同車而談，雖未嘗學問，而忠勇奮發之辭，溢於眉宇間，望而知為不凡。今東北之士為鄰國攻陷，群將或拜新命反顏事仇；或統大軍以退為讓；獨馬孤軍投荒，悲茄血戰。而為之上者，醉生夢死若不知國破家亡，此又馬之不幸也。

或曰：「馬何人？」曰：「占山將軍。」

雨

歲大旱，農人最喜者為雨，無雨則苦矣；微獨苦也，升斗之糧莫可得，將為餓殍。故雨者，誠農夫生死關頭。有人焉，名曰雨，說者謂其有霖雨蒼生之志，故名。當須彌室主人創《華北新聞》於沽上，雨方肆習學校，時以新聞資料為貢，以是須彌識之。其後因須彌一言，為弱冠將軍羅致，俾以教育重任，復理新聞，不啻兼黃炎培、史量才之長，而有其事業。其才學視黃、史如何？則非吾所知。吾所知者，機關報不離歌誦功德之辭，人多不欲展覽，政局中人則不費一文而得，此贈與之紙，亦殊不重視。報之銷行如何，更非吾所知。吾所知者，官樣文章之報之不易見長也。故雖如雨之淋漓盡致，其才不顯，其名不彰，其事則大有可為也。

老司令

《禮記》七十曰老，世俗稱年長者為老，蓋尊之之詞。今人輒曰某老、某老者，其齒不必高，其語則常出。如予在五年前，朋儕無不呼以老，則戲耳。陳介卿（興亞）[1]其狀恂恂若儒者，以八字鬍鬚最使人矚目。久司奉天憲兵隊，人皆呼之為老司令。今雖垂垂已老，當其時尤在壯年也。老司令好飲，飲必醉，醉則徵歌選色為歡。伎之黠者，恒苛求無厭。則告之曰：「吾老矣，見賢而不能舉也，安有多金為爾輩脂粉資？」固一時酒後戲言，而拒絕手腕工矣！

當大元帥之朝，特命為京師員警總監。燕都多盜，歲及冬尤甚。誠以失業之人集首善之區，往往累年不獲啖飯所，強者殺人越貨，弱者鑽穴踰牆。負治安之責者，未嘗不防患未然，而未易稽察，則恃平日僚屬是否勤於治事，不欺不詐，矢慎矢勤。以老司令之和藹易與，屬官什九不之懼，視一紙官文書如弁髦。居戶乃集矢於老司令之一身，或謂庸儒無能，或稱餉糈有染。終其任也，老司令之冤莫伸，知之固知其人之不致於是也。大元帥歿，老司令歸瀋陽，復任憲兵司令。或笑曰：「斯職詎舍老司令外，無人能勝任愉快耶。」老司令亦嘗自歎曰：「上峰資吾為熟乎，吾乃因是不克進一階。然而吾於憲兵之名，似有不解之緣也。」

[1] 陳興亞，字介卿，一九二七至一九二八年任京師員警廳總監。一九二八年歸東北任國民革命軍東北邊防軍憲兵司令。「九一八」事變後，辭去憲兵司令，任北平綏靖公署參事。

瘦腰生

江浙饒山水之勝，女子固多美而豔，若子都之姣，亦復舉目皆是。瘦腰生，浙人，長身玉立，瑩然有衛玠之譽。嘗學於歐西，歸而任事新聞界，大刀闊斧，一擲萬金，人間地獄說集中。有江浩源其人，時方執新聞界牛耳，以生多材藝，而視黃金若糞土，往往對客翹其拇指曰：「瘦腰生之才量，倘一旦治國，當如烹小鮮。」其推重如此。

當虎頭將軍開府泉唐，人可中將護軍淞滬，得生而許為大器，政事嘗以諮之。外人莫察，疑生已入仕途，或為政客。生雖日與顯要近，而守其新聞事業不去乎。某歲，生以某之介，渡遼海而入瀋陽城，詣弱冠將軍，相見恨晚，畀以職事，令參戎機。生則馳驅南北，經營商業，於政局起伏，軍事成敗，不置一辭。自是三年後，弱冠將軍襲其父之位，踞廣大之地，治眾多之民，權勢之盛，元首以下一人而已。其時已招生入幕，司外交案牘。生知將軍左右皆年少，屈節下之，群少以為生易與，益親近焉。生漸達，將軍於公事固無不令其參議，即私事亦嘗使之而理。權為怨府，臧倉之徒，乃虛構事實逞快一時。將軍左右之忌妒者，復拾蜚語以資談助，外人疑生亦某某之流也，往往相提並論。生怒，欲去而之他，偶以語余。余曰：「某之貪，某之詐，某之妄，某之無恥，皆吾子所無。而子朝夕與處，且強顏歡笑，其境雖苦，其心靡他，將軍固未嘗視子若某某，浮言不足畏也。」生頷首。邇傳其舉數十萬金購置寶物，陳列廣廈無隙地，而未知生之婦嘗挾巨金來歸。諺云：「夫婦不分家。」然則累累之資，或得諸床頭人者，非納賄貪贓而有也。

大元帥

古稱軍隊最高之主曰帥，亦曰元帥。清代督撫之稱帥者，則以兼軍符故。帥而曰大，尊之之詞也。中華民國例以元首兼陸海軍大元帥，黨治以還，航空之機驟增，則代以陸海空軍總司令，猶大元帥也。大元帥單獨之稱，自中山建政府於廣州始，其後作霖襲其名。高拱燕都，遣師南下，有秦皇兼併之志，而無其謀，且無其勇也，遂致一敗塗地。作霖起山寨，其貌秀若吳越間人，雖躁急之性不免，而事上敬，遇下厚，恩必報，義必返，為人若此，未可以其出身之微而短之也。矧前有切肉之卒，賣布之夫，已捷足而登極峰，以視作霖奔波湖海，或不及焉。作霖畢生之事業，自其放下屠刀始。語有之：「放下屠刀，立地成佛。」作霖死後，成佛與否不可知，而以身殉國，則事蹟要不可掩。殉國與成佛，其間相去之重輕，誠未易一言。作霖之事趙爾巽、張錫鑾、增韞也，如慈父、如嚴師；既顯，猶呼三人曰大帥，每歲饋贈稠疊。爾巽歿，作霖以元首之尊臨其喪，叩首哭失聲。爾巽七十後得子，以為天之賜予麟兒也，名之曰「天賜」。學良承父志，以其妹妻之，兩親家相見地下，或當含笑。作霖於文武百僚，無所謂信否，倘遇事能服從，文則視為賢吏，武則視為福將，雖間有凶終隙末者，初不必出諸作霖本心，未嘗非左右、浸潤之潛。黨同伐異，利己損人，一人固難滿千人之意，千人之行為又豈一人所能盡察。凡人不能無短，作霖之短似無容諱，不然吾揭其長，而不舉其短，或疑吾之護短也。其短則煙、賭、色三者，常人犯此不過博荒唐鬼之名，以作霖之位尊勢盛，徒開僉壬奔競之路，何能免白圭之玷？於是有求全之毀，以平康里鴇媼之賤，挾雛伎出入公門；以某某材其下駟耳，乃恃樗蒲躍登仕版；以某某粗獷之資，竟以販土僭居高位。政治不修，紀綱不振，未姑非是三者為厲階。年復一年，積重難返，無形之患難消，不測之威莫逞。

作霖一生之軼事，不可勝數，姑舉其一端。某日，集吉督張作相、黑督吳俊陞、直督褚玉璞於懷仁堂竹戲，俊陞條子三碰置案上，已待和矣，眾失色。適作相執一同一張，揚言曰：「誰要？」作霖曰：「我要！我要！」隨手攤牌而出。則一索吊頭，斷無和一同之理，僉指為詐和，應罰。作霖徐徐曰：「麻雀吃鴿蛋，諸君不懂耶？此例自我創之，行不只一次矣。」三人卒如值以償，乃得終局。嗚呼！作霖以垂暮之年，竟不克保偏安之局，固不能盡責敗軍之將，而自身戕於嗜好，實一大原因。吾敬其人之義矣，吾終以其不檢細行為可惜也！

劉賢人

康南海嘗自擬仲尼，因有聖人之誚；梁新會亦自詡子輿，復蒙賢人之譏。東北地廣人稀，自古聖賢似不多見，有之，自劉哲[1]始。

當大元帥之朝，設內閣以理政事。哲因楊宇霆一言，膺教育部長，某公舉予貳部，予力辭材力不勝曰：「素不識賢人，區區又不及柴也愚，豈敢！豈敢！」復曰：「總次長之共事，如演雙簧，賢人負萬人迷之才，予無張厤子之技，乃止。」賢人之入部也，裁併八校合而為一，自任校長。燕京為學潮之源，學生皆氣焰沖天，平日且無事生風，人人以未來之中國主人翁自居。而賢人竟能不畏艱難險阻，排除眾議，以大刀闊斧之手腕，一洗多年積重難返之局，此賢人所以為賢人耶？一日，賢人方在部理公牘，八校學生代表魚貫而進，閽者以刺入，賢人拒，代表大嘩。無已，傳數人會談。代表痛陳學制之不可輕易變更，各校其歷史有其成績，一旦冶諸一爐，勢將黃金與白銅不分，污泥與潔土莫辨，宜仍舊制，徐圖改革。今番徒事更張，公之罪也。賢人色變，高呼侍者請庶務科長某至。某而前，賢人曰：「持筆墨紙張數事，分給在座諸君。」其時在

---

1 劉哲，字敬輿，吉林永吉人。眾議院議員，一九二七至一九二八年任教育部總長。一九三五年十二月被任命為冀察政務委員會常務委員兼東北大學校長。一九四七年十月，出任監察院副院長。後來赴台灣。一九五四年逝世。

座者九人。賢人又曰：「可市九□俟於門外。」正色莊容，顧九人曰：「予志已決，諸君既不以合併八校為然，即請就案上所陳之紙，各寫遺囑。」諸人聞語，戰慄無人色，相視無言久之。一生稍黠，起而對曰：「死生事大，家有長親，必須請命而行。我輩今日且歸去，容日再議如何？」賢人曰：「來去豈能自由？諸君既洶洶而來，復哀哀欲去，前倨後恭，殊非少年之勇。置爾輩於最高學府，洵為國家之羞。出門歸家，固無不可，請簽字為證，示不反對。」於是次第簽押而出，自是無敢更及茲事者。賢人遇如此大事，竟以滑稽手腕了之，可謂狡矣。然則，此賢人之謂乎！

五太太

世稱女子曰太太，豈天下女子皆而太太之耶？非也。女子之有夫者，始可稱太太，然則天下有夫之女子，皆得而太太之耶？非也。女子之稱太太者，視其夫為轉移，倘其夫之身分足以副老爺之名而無愧，則人人皆得以太太呼之；為太太者，受之亦無愧，習俗相沿久矣。今則不然，韓莊往來之肉，恒以小姐自居，宜乎此中之鴇，遇客輒自稱太太，客從無知其身世，未敢以其職業之賤而短之。於是如毛之太太，幾莫由分辨，太太之濫至矣、盡矣！

東北之俗，凡人之妻固稱太太，其妾亦稱太太，太太之多者，以數字別之，故一門之內，太太之聲不絕於耳。就東北言，最貴之太太，莫逾於所謂五太太者。五太太，張作霖媵也。貌中姿，膚白如雪，口齒伶俐，普通政客莫能及。其母乃薛大塊頭之流，即所謂王老太太者是。作霖性褊急，易怒，怒時無人敢攖其鋒，獨五太太可以一言止之。五太太衣不必麗，食不必豐，子女不必眾，金錢則愈多愈妙，夜光之珠足以斗量，金磚之積能成屋宇。猶太某夫人，以富自矜誇，望之莫能及焉。一日，作霖以某官僨事，將嚴懲之，左右環跪乞免，作霖怒不解。某使其夫人乞憐五太太，五太太乃告作霖曰：「其罪如不可逭，則依法治之，否則網開一面。」作霖擊几曰：「吾豈能輕信婦人之言！」五太太冷笑曰：「帥方有大欲於天下，天下孰能一之？不嗜殺人者能一之。」作霖悟，卒赦某。作霖姬侍無多，妻亡，納二妾，先後逝，繼復納一妾，所謂四太太者是。五太太最後至，自是入門之幼女，無歲無之，無月無之，而終不以為簉者，五太太防之嚴也。防之法絕妙，陰使作霖達其所欲，而陽不能再有妾之之名。若有之，則六太太、七太太、八太太，勢將源源而來，故終其身僅及五太太而止。皇姑屯之變，相傳六太太被炸，實無其事。五太太固北里人物，作霖之性，喜近雛女，平日相習，已知其然。每入關如津沽，必傳西天寶李媽至。李媽者，鴇也，其香巢蓄幼女無算，任客擇其所好，大抵原封為多。五太太恒選一二人，與以巨價，攜之關外，充後房使女。作霖有煙癖，達旦始臥，日以為常。五太太命使女共榻燒煙，作霖於吞雲吐霧之餘，隨手撫摸為樂。久之，以側室徵五太太意，五太太正色曰：「帥老矣，可坐享其實，奚必居其名耶？」作霖知旨，不敢復言。世之不喜其夫納妾者，當以五太太為法。

貴福

貴福，旗人，即今之趙景祺。不曰景祺，而曰貴福者，存其真也。貴福前事，非本篇範圍，顧景祺乃其化身，不提貴福往事，不足以影景祺之惡也。貴福仕清，官紹興府知府，黨士嘗罵之曰：「昏庸老朽！」此語貴福足當之。其時秋瑾女士，方任其郡女子師範學校校長，有革命女俠之目。瑾足智多謀，知種族革命為旗人所深惡痛絕，明哲保身，遂以術交歡貴福，以義女之名拜謁其太夫人於府署。太夫人殊善遇之，恒挽瑾居署中，數日不出。瑾呼貴曰大哥，貴則以妹稱之，親近若手足。瑾雖女子，富丈夫氣，不欲以弱示人，嘗短衣策騎郊野，佩槍射鳥為樂。貴阻之，太夫人則曰：「彼性之所近，聽其自然可耳。」自是瑾益豪放，每飯必飲，飲必醉，醉則歷數當朝執政者之罪。聞者咋舌，不敢置一辭。紳耆多惡之，某老尤不悅。某案，士紳聯名訴瑾於郡守，詞連革命事。貴乙太夫人命，遣輿迎瑾入署，鍵戶詰之曰：「外間物議沸騰，謂吾妹將有異舉，隱然為革命領袖，有諸？」瑾冷笑曰：「提倡家庭革命則有之，實行種族革命尚非其時也。」貴亦笑置之。未幾，士紳訴如前狀，且甚其辭。貴不復私質瑾，立報大府乞示。撫、藩嚴電拘訊。貴乃捕瑾，繫以腳鐐、手銬，囚諸囹圄。

臨事之頃，瑾眥目語貴曰：「大哥反顏若不相識耶？果爾，吾當一見義母，死且瞑目。」貴擊案曰：「此何時，此何事，太夫人不復恕爾叛逆之女也！」於是貴召會稽縣知縣李瑞年至，語以故，登堂會審。瑾侃侃而對，不承謀亂事。而事有出人意外者，某老如杭勘路，中丞設宴為洗塵。酒數巡，中丞以瑾事為問。某老率爾答曰：「該殺！該殺！」其語非欲死之也，蓋切齒其人已久，遂不覺其言之嚴厲。中丞誤會，以為某老言中有物，即電貴將瑾就地正法。貴奉命，復略訊一過，自為監斬官，斬於市。中丞何人？南皮張筱帆（曾敭）是矣。案定，浙人譁然。政府不獲已，移張撫蘇，被拒，復移豫，而褫貴郡守職。民初，貴易名姓曰趙景祺，走關外，匯〔因〕緣任瀋陽縣知事，嗣在李垣京兆尹任內掌政務廳，事多反常，語無倫次。余當時嘗為僚友言：「奉系不理於人口，即濫用非人，貴福其最著者也。」近讀吾友削穎紀貴於瀋陽謁陵事，謂其服遜國衣冠，招搖過市。然則趙景祺之罪有應得，固不自今日始。

曹家花園

天津河北，有地曰曹家花園，廣百畝，花木叢密，樓臺奇巧，乃江寧孫仲英產，素以孫家花園著稱者也。曹錕豪奪而得之，故入孫以罪，易名曰曹家花園。孫每舉告人，輒欷歔不置。錕既巡閱直魯豫，駐兵保陽，薦弟銳為直隸省長，居天津省署，距園數十武。銳嘗設筵其間，一時車馬塞途。錕每以事臨津，即以其地為行館，勢尤盛。諓者以人傑地靈語譏之，令人啞然失笑。作霖於錕為姻家，蓋銳之女自幼許字作霖四子，今猶未結婚。甲子之役既罷，作霖以戰勝餘威而入居此，日則會客論政，夜則呼蘆喝雉，遣弁迎妓數十人，及旦方休，龜鴇出入無阻。故津沽人士靡不知有曹家花園，而以鵲巢鳩佔為意中事也，嗚呼！曹家花園。

光園

曹錕盛時，居保定光園，四方之客來會者，接踵於其門。修腳中將李彥青，朝夕侍左右，入闥為其主裝煙。錕夕必濯其足，足趾皆雞眼，彥青持小刀立而待。畢，錕翹足置其膝。彥青俯首低眉，以刀對雞眼徐徐削之，削平而後已。時笑柄傳天下，光園之得名者以此。錕敗，統兵者無不居之。甲至而復去，乙來旋亦去，丙繼臨又去，如是有年矣。丁卯之歲，奉軍下河南，已而師退保定，張學良、韓麟春移三、四方面聯合軍總司令部於此園，而以大軍集新鄉一帶，進可長驅汴、洛，退可保守京、津，兵家之長策也。張、韓鎮日無所事事，嘗輕車簡從，步行於市，客有以搜羅古人字畫請者，張、韓意稍動，謂炮火生活非人情所堪，而士卒積屍盈野，慘不忍睹，欲罷不能也，風雅之事，非武夫所習，顧強作解人，亦未嘗不可。於是時以廉值購一二事，久之盈篋矣。字以張廉卿為多，大抵真蹟，餘則贗。廉卿曾長此間蓮池書院，故墨蹟遍城中，藏者復多，遂易得。其後張斥資窮搜佳品，此其始因。外傳園中百花深處頗有豔跡，余似無所聞。

蔡家花園

蔡家花園，已往軍人蔡成勳之私產也，構造似祠宇，殃不足觀。屋成，成勳方開府豫章，未嘗視此為返鄉終老之所，遂未一日居，以其地河北[1]故。河北，國土也，戰亂之年，人咸捨而就租界。成勳既解組，即別營大廈於夷場，於此園不值一顧。奉軍始以二、六旅有聲於時，二旅旅

[1] 指天津海河北街區。

長張學良、六旅旅長郭松齡，二人歡若廉、藺，每率軍入直，恒居此。歲乙丑春，學良自沈垣專車至，車次閱《益世報》拙作論文「非戰篇」，驚曰：「作者之名，似累寓目。」吾友須彌方在側，應曰：「此人吾摯交也，今方佐棗強理民政，以餘暇為《益世報》撰述論政之文，文固可一讀也。」蓋余草此篇之旨，於東北張軍，西北馮軍，二者皆指摘，不稍隱諱，而以國貧民困畢其辭。須彌不無溢譽，而回思陳跡，愴然懷今昔之感。當斯時也，學良顧須彌曰：「願為介相見一談何如？」須彌曰：「諾。」退以告余。余如約詣園，則弱冠將軍已煮茗相待，此余識之之始。既談此園，姑附數語。

成主筆

湘人成舍我創《世界日報》於故都，頗敢言。歲丙寅，以記載直魯軍軍事，張宗昌見而大怒，令憲兵司令王琦捕之，獲，囚焉。其夫人楊璠女士驚失色，亟詣亡友張培風，培風時為張學良上客，於舍我則同學北大。培風素義俠，得報，飛車訪朱光沐，光沐亦舍我同學友。培風語以舍我被執，生命繫旦夕。光沐徐徐曰：「新聞記者之拘禁，常事也。舍我性激，記事復不慎，吾奚能為力。臆度當不致若邵飄萍、林白水之飲彈，容吾告景韓縱之可耳。」景韓，王琦字也。是夕，宗昌令槍斃舍我凡三下，琦以挽救者眾，姑置之。孫慕韓（寶琦）知宗昌聚博某宅，往晤，正色告宗昌：「無輕視文人。舍我已認過，不宜枉殺無辜。」宗昌意稍解，而未允縱之也。學良在南口督戰未還，翌朝歸。楊璠復詣培風所，放聲哭，謂事急矣，緩且莫及。培風電語余，要同謁學良。余至，璠珠淚滾滾下。遂偕培風往，閽者以帥遊頤和園對，於是追蹤而去。園廣，不易遇，時溽暑方盛，計議停車俟於門外。及昏，張夫人于鳳至率男女公子出。詢帥所在？則云帥固居城中。余與培風惶急萬分，馳車返，帥方歸自某處。培風首言宗昌捕舍我狀，謂轉圜之力，非帥莫屬。學良曰：「必為圖之。」余繼曰：「公友不乏新聞記者，而事之有屬於此輩正多，即左右亦固有曾為是業者。舍我之罪，非死罪也，此團惟公足解。事亟不宜緩，緩則宗昌既施諸邵、林，何惜舍我！」學良頷首，隨以電話告宗昌，而舍我遂出獄矣。余書至此，於培風之不在人間，璠女士以離婚傳，蓋不勝欷戲太息者矣！

卍字廊

故都三海，風景冠九城。三海者：中海、南海、北海。清帝后每於炎夏移居，治事於中海，逭暑於南、北海。南海有瀛臺，環水屹立中央，若聖湖之湖心亭，清德宗嘗被囚於此。

卍字廊，在中海之西。項城當國，為長子克定起居之所，迨震威[1]執政，沿例居居仁堂，命長子學良居卍字廊。震威欲與項城等量齊觀，而學良則以克定不能相提並論。

卍字廊者，屋之四周皆走廊，作卍字形，故名。自運糧門出入，門近府右街，朝夕車馬塞途。客之進謁者，乘車入，車非黃牌者不許，以其色之黃也，當時有老虎牌之稱。及便門而下車，罔訪何人，皆步行，循卍字廊而過，至大廳而止，以俟元帥長公子。公子出見否，無定時，或一日不出，或三日不出，出與不出，客必坐待。待則有時而出，尚可一晤，不待雖一日累往，月且不獲一親顏色。邇則闢為公園，賣茶鬻歌者集於其間，銅駝皆在荊棘中矣。滄桑之變，有如是耶！

少帥

以少稱官者，自春秋始。公孫僑嘗官少正，其例也。楚有少宰之官；秦置少府，為九卿之一；漢之少使，則女官之稱；及清而有少帥、少保，非貴為卿相者，無是榮銜。民國之少將、少

1 張作霖為震威將軍。

校、少尉，武職也。今黨治猶存，少卿、少大夫、少士文職也，洪憲嘗有此一舉。少帥非官名，人以其為帥之子也，因以少帥尊之，猶老爺之於少爺。雖然群帥如鯽，少帥幾遍天下，獨張學良少帥之名，婦稚皆知，何也？

作霖晚年治軍，防備周至，恐他人懷二心，故信其長子學良彌專。郭松齡兵叛，益親之，精銳悉畀其手，故東北諸將，視所謂少帥靡不刮目相看。少帥知其然，於諸將之年高任重者，皆執禮甚恭，餘則親疏厚薄不一。少帥十餘歲時，習英文，日偕二友出入，英人伊雅格，同鄉李宜春，幾寸步不離。伊、李與少帥之年又相若也。其後少帥被乃翁特許入講武堂，於教授獨崇拜郭松齡，於諸生則親近劉鶴齡。既卒業，任團長，以劉為書記。嘗剿匪於一面坡，邂逅名伎某，以其軀之偉長，戲呼之曰「大洋馬」。今已如秋扇之捐。少帥喜近婦女，無可諱言。熟悉內幕者云：「婦女虛榮心重，慕帥之年少貌美，恒樂與遊，非帥招之也，婦女自至耳，至則或談心，或度曲，或鬥牌，或蹈舞。」外間所傳如何如何，當無其事；既有其事，孰親見之？此吾所不敢置一辭也。

少帥統兵時，年未冠，因自號曰弱冠將軍。少帥以其年之少也，喜近少年之士，士無分南北。說者謂其遼東三省之人不用，尤非其地之人信，則傳聞之誤。胡若愚以合肥人結金蘭之契，寵信冠儕輩，出入閨闥無阻，少帥以小胡呼之。若愚年長於帥，論昆季之交，不呼大哥，而呼小胡者，未嘗非帥因位尊勢盛，而以胡時有所求而輕之也，顧尺箋往返，自始即以如兄稱。其次則朱光沐，浙人，生長於贛，與胡同學北大。胡舉以奉帥，謂少年不可多得之才。既入幕，帥視之不讓胡。光沐頗沾沾自喜，其詳別著於篇。

少帥嗜考而夫，日侍左右以是為戲者，外賓伊雅格、幕客李應超。帥好衣西服，左右群少年先意承志，無不以洋服是尚，所謂上有好者，下必有甚焉者矣。少帥慕李世民為人，嘗以巨金購《貞觀政要》一書。初楊雲史應召至，帥出示此書，以講解為請。卒以軍事旁午，足跡未嘗一臨書齋，而雲史獨坐向壁者若干日，一時傳為趣談。

丙丁之歲，所謂鎮威三、四方面軍團聯合軍，聲勢震華北。司令部不獨治軍旅，即範圍以外之民政、財政、鹽務、稅捐，靡一不在掌握中，奔走夤緣者其門如市，或拒或納，其詳不可考焉。帥父在，經濟收支殊不克自如，而饋遺朋好，輒千金不吝。亡友張煊，字培風，常熟人，以新聞記者為帥所垂青。壬戌奉直之戰，煊持白布黑字旗潛入敵軍中演講，人無知其來歷者，事畢從容而歸。帥聞而笑曰：「此瘋子之所為也。雖然吾幸遇此瘋子，吾尤喜此瘋子。」於是瘋子之名大著。丁卯春，積勞歿。帥淒然曰：「安復得瘋子如某者！」卒厚賻焉。

少帥美風儀，偶驅車市衢，幾看煞衛玠。比歲勞瘁國事，容光已不如從前。少帥嗜西洋菜，置庖廚，嘗以餉客。外傳每日盛饌，客至，隨時索菜羹，非也。少帥於公牘，恒累日不寓目，稿件積存高可數尺，偶披覽，頃刻而盡。此中得失，局外人似未敢輕下斷語。即此可知其精力過人矣。

歲丙寅，賓士無寧日，以車為家，東至於金州，北及歸綏，南達魯，西止於燕薊。車中與韓麟春同室對榻而臥，有時室鍵，則二人促膝秘談軍事大計。其夫人于鳳至女士間登車共起居，麟春遂移入後車。治事無定所，在遼言遼，於所謂帥府第一進西廂房閱公文，日一小時以為常。門外無標記，群稱之曰少帥辦公室而已。帥授室時，方十六齡，逾年誕一女，繼復連舉三雄。昨年第三子殤，鄒作華婿也。帥軼事至多，罄竹難書，當於他題有連者另詳之。

輔帥

東北三省之地，似亡而非亡，似存而非存。帥於其地者眾，地喪，土地、人民、政事隨之而喪。帥乃去而之他，何云乎帥？以東北大員喜稱帥，黨治廢帥，而莫能及東北。東北亦有黨，黨與帥並行，疑帥者謂其不忠於黨，譏黨者謂其何容有帥？是乃未失地前之狀，今則帥、黨俱不見於東北矣。

輔帥，群稱張作相者也。作相，字輔忱，錦縣人，世指其與作霖為昆玉，實誤。作霖蓋遼之海城籍也。作相溫厚誠篤，有古名將風，處事不較，遇人無忤，以褊裨位至專閫，作霖倚若長城。東北軍有新舊之分，作相則舊軍之秀，久綰吉林軍符，且筦民政，而大權落於左右之手。討郭之役，作霖命作相為前敵總司令。郭敗，作霖喜，執其臂曰：「吾仲勞矣。」作相對曰：「同室操戈，雖勝亦恥，藐躬何功足錄。公之福澤當方興未艾也。」相與輾然。黨治望統一，學良舉三省之地服從中央，先就作相議可否。作相曰：「割據之局不可久恃。三省，中土也，宜歸政府節制。若居對等地位，干戈將無已。吾子承父業，父在日，未嘗欲擾民，甚欲爾為一統天下之疆吏，而不願爾為偏安政府之主人。」學良唯唯。庚午，南北兩軍方酣戰開、歸、許、陳間，學良有舉足輕重勢，群遣使如瀋陽，無殊鴇之拉客。其中事變，曷勝筆記，不贅。當學良擬就巧電，召三省權要萃議，作相以斟酌字句為請。既布，而奉軍三度入關，作相私歎曰：「匪佳兆也。」今其語驗矣。

張瘋子

張瘋子，朋友呼亡友張煊之謔名也。煊，字培風，武進人，北大文學士。爽直善辯，而胸無城府。其於人也，四海皆兄弟，人有以事屬之者，必盡其力之所及。丁茲亂世，少年中竟有斯人，不可謂非佼佼者。煊嘗為新聞記者，識弱冠將軍，將軍延諸上座，戲呼瘋子而不名。予巨金，使於沽上設報社。煊擬顏之曰《生報》，取生生不息之義，以事格，未果。適東北漢英文機關[1]《東方時報》主者辛博森求退，將軍為事擇人，舉煊理其業。煊乃羅致名家為助，聲譽漸著。安定後人忌其才，揑詞訴將軍，謂煊將報挾媚敵，將軍雖未信，顧不能無疑。煊聞而大駭，詣將軍白始末。將軍笑曰：「君無貳心，予不輕信人言。止謗莫如自修。君解人，願發憤上進。」煊唯唯。客有說煊者曰：「子胡為久在紙堆中尋生活？將軍勢方盛，安定後人且貴，盍乞一官溫飽。」煊怫然不悅曰：「吾性拙，不慣趨承，非不樂為也，不能也。」已而煊嬰病，將軍告之曰：「稍休，報務已令吳晉代之矣。」弱冠將軍以煊於新聞界人熟習，乙丑如江南，使為招待。亡友畢倚虹，能以尖刻之筆嘻笑怒罵，於當時文武官僚無一恕辭，獨稱將軍年少可造，揭其影片於報端，則煊先容之力也。往歲，政府將發某某公債若干萬，煊走告余曰：「此事倘實行，某某兩方皆可沾潤，而戰事必從茲而起。」余曰：「然。」煊遂為文刊《東方時報》，且語安定後人以故。適將軍自瀋抵津，後人覼縷述其事，將軍亟電告乃父作霖請緩行，議遂寢。煊每語人，謂書生之力固不可侮也。奉軍大舉攻汴、鄭，既克，平津新聞團專車前往參觀戰績，將軍命煊隨車作嚮導。煊微恙甫瘥，余聞而尼之曰：「長途跋涉，病軀匪宜，盍薦賢自代。」煊對曰：「余責任心重，不去不快，病否非所計也。」既往，車中悶熱，食甘蔗逾量，熱內伏，飲食復不潔，某日正言談間，昏厥。眾大驚，撫之，氣息僅存。途次無良醫，亟報將軍。遣卒送之還，未

1 此處擬脫「報」字。

及門，而已氣絕矣。夫以將軍年少踐高位，任用非人，喪失疆土，致無家可歸。使煊尚在，不知淚落幾許也！

王學士

遼東三省之人多剛執，一事之爭，固不肯示弱，一語之間，亦莫能相讓。以余所識者，泰半若是，詎所謂秀氣獨鍾耶。王學士獨不然，而以和懌謙遜為人所喜。狀貌若南人，且恒居江南，有吳越士大夫之習，東北青年不可多得之材也。學士名英烈，字乙之，亦字益知。復字削穎。能文章，曾入弱冠將軍幕。群少畏憚其高亢，鶴乃不容於雞群。戊辰春，老友須彌亡命北上，止息故都城南旅舍，學士亦於此闢室而居。余朝夕過從，相約不談政事，獨臧否平康人物，某也豔，某也陋，某也蕩，某也醜，滿室生春，舉座軒渠。其時弱冠將軍勢猶盛，余固參預機要者，以性之憨魯，尤為群少不悅。當斯時也，不獨遠群少，並將軍而亦疏之，不去，不迎，不送。去者不往晤面也，迎送者將軍之往他或歸來，不為禮也。須彌以為過，而諍不稍恕。學士亦似有所言而輒止。余稅屋東城，略有園林之雅。庖丁淮陽人，善烹調。一夕歡宴學士及須彌，約蔣君震泉、楊君仲華、馬君芷庠共飲啖。學士盛稱肉脯之味美，須彌亦謂然。此五年前事，猶歷歷在目也。

自是余掌教平津大學，學士則執筆遼瀋報章。今復相逢海上，適余有談往之作，不談則已，談則不能捨吾學士也。

馬二校長

東北二少年，同年生，貌亦略肖。其一張學良，一則馮庸也。故師長麟閣子，原名英，字振雄，既易名改字木鐸，儼然以孔老夫子自況。豪於財，略斥家產創大學，即以姓名名其校，猶馬玉山糖果公司、陳嘉庚膠皮廠也。庸當張氏盛時，誓不作官，建大冶工廠於瀋陽之郊，輒自稱商人。學良以其為通家之好，且屬行輩，軍旅中所需諸品，恒求諸其廠，藉示結納。庸嘗自駛飛機，往還戰陣間，就學良商價值，外人為參預軍機者，非也。丙寅春，學良薦庸為航空署參事，不仕，志在高位，而學良未之敢信。其時，猶未易名也。已而，馮庸大學之名出，以金多頗具規模，所成籃球隊尤有聲。而約束學生，純效法師旅，起臥行止，悉如兵士，終未能脫武夫本色，而學生樂之。庸好名，嘗登臺演說，其言頗有動人處。然以一青年而有此雄心魄力，誠有志之士也。吾以馬二校長名其篇，猶馬二先生自號之意耳。

湯總裁

湯總裁，非總裁也。既稱總裁而曰非，何故？總裁，官名也，如已往之幣制局總裁，今之中央銀行總裁，斯可為之總裁矣，湯非其倫也。雖然固不必言總，自應有裁之之道，即以裁論，尊之曰總裁，有何不可。若其事由一人掌理，則總裁之加匪濫，初不必官吏始可膺此高崇之稱。故非總裁而亦總裁之，所以敬其人且重其事也。湯總裁名國禎，字文藻，滬人。少年翩翩，舉止復落落，學於聖約翰大學。既卒業，思從軍，以上馬殺賊為快，而請纓無路。歲乙丑，弱冠將軍以事臨海上，總裁上書自薦，蓋毛遂一流人物也。將軍笑曰：「此有自志之士，宜畀以職，使偕去。」總裁大喜過望，以一肩行李從，

居久之，令其擇中外報紙記載之有關政治者，剪裁粘於冊，每日以午時呈覽。外人不察，以其朝夕侍將軍左右，望之凜然，若不可犯，實則類諸報閥下一區區辦事員而已。總裁彌親余，嘗效眾戲呼曰某老。友朋相愛以道義，余乃笑對之曰：「以公所事，顧名思義，可謂之總裁矣。」於是總裁之名大噪。

邢司令

邢隅三（士廉），隸盛京駐防旗，自始曰士廉，清亡復姓漢姓，易稱邢士廉。習陸軍於日本士官學校，成績斐然。好讀書，雖置身軍旅，未嘗一日不手一編自娛。好吟詩，尤善辯，嘗欲自附名士之列。素喜穿西裝，持杖挾鏡遊，脫盡武夫氣習。某叟謂其有志上進，非無因也。甲子，奉軍下江南，士廉率師鎮淞滬，雖風流未若畢將軍，而花間韻事傳播不鮮。其時海上人士皆知邢司令，且知司令之能親平民也。聯帥以兵窺蘇境，蘇督楊宇霆怯而遁，士廉恐孤軍將無歸路，倉皇棄甲走。及途，全師被阻，盡喪其所有，卒易裝渡江北旋。當斯時也，外間盛傳其遇難，實未也。宇霆既敗，士廉亦復不如志，屢請於張學良、韓麟春，謂軍事正烈，願參末議。張、韓許焉，辟為三、四聯合軍團司令部參議。士廉既至，匡助彌多。其時樞府議組軍警督察處，即以是相畀。已而於珍戰敗於中州，全師潰，士廉方權衛戍總司令，代珍本職也。迨珍待罪行陣，士廉得久於其位，未真除而缺裁。遼東歸黨治，士廉銜命詣新都，謁朝貴，侃侃而談。所居安樂宮旅店，車馬塞途，駸駸將大用。宇霆死，當局以士廉平日言行相近，不同黨而同志，不能無疑，稍稍疏遠矣。士廉察其情，深居不出。邊禍作，土為寇據，宵遁之平津，省府移錦州，猶以委員預政事。邇自關外至者，謂士廉已歸故土矣。

鄭州

鄭州，今改縣，隸屬河南省，周代之鄭國也。其地居南北衝要，東連汴梁，西接潼、洛，四戰之地，無險可守，兵家所忌也。往歲奉軍既攻克信陽，降黨之直軍靳雲鶚獨不屈，謂：「作霖入主中樞，資望不足服眾；今且恃其西來之精良器械，欲一舉而定天下，吾誓死不服焉。」作霖於其兄雲鵬為姻家，召鵬商大計，而不及，鶚舉兵事。雲鵬知，詒謂雲鶚犯上，已嚴責其退兵，且跪求八十老母誡之；老母揮淚致辭，當可無憂矣。作霖大喜過望，曰：「老成謀國，固有其道。」一日，作霖方集百官議事，得其子學良及韓麟春急電，報雲鶚率大軍將至，距鄭州只十里，其危不啻千鈞之引於一髮。正惶急間，電復至，視之則雲靳軍已被擊退，其師長高汝桐陣亡。作霖始轉憂為喜，左右亦俱展顏。先是雲鶚舉其精銳，悉畀汝桐，使為前驅。汝桐督隊猛進，鐵甲車誤衝入車驛，是為奉軍聚處，茫然罔覺。桐乃命部下舉車頭下之鐵鉤，以勾通奉軍之鐵甲車。蓋其時兩車相連，計成，將開車。奉軍中一卒睹狀知有異，大聲曰：「我車奈何與敵軍銜接，且南馳耶？」眾大駭，亟舉炮轟擊。汝桐立車廂指揮，顧盼自鳴得意，而未料巨彈穿胸也，詎非天意哉！

子夏將軍[1]

歲戊辰，某軍攻平津，子夏將軍實為前驅，大元帥以次倉皇而走。已而子夏為政，不滿於其主，遂暗通款曲於清河，卒遂其依附之願焉。自謂求仁得仁，說者則以其朝秦慕楚而短之。項城當國，喜用重典，授陸建章以執法全權。建章嗜殺，有屠夫之目。癸丑，民黨反袁勢方盛，子夏挾策將謀亂於燕，事洩被執。臨刑，建章睹其狀貌魁梧，語言哀婉，奇之，顧左右曰：「此人罪不至於死。」躬為釋縛，曰：「子它日當大富貴。國家多難，人才難得，感好自為之。」且詢身世甚詳，畀以副官。子夏感激涕下。將死之人而不死，不死且得所，建章之巨眼固異常人，而是非好惡，殊令人莫可究詰。其後建章治軍西安，部下某團長他遷，將以此屬子夏。陸夫人則薦其內侄某為繼，建章意不欲，而未敢遽違閫令；知夫人甥女方待字，遂力繩子夏之才之美，夫人意動，事卒諧。建章乃告夫人曰：「子夏非外人，已擢為團長矣。」夫人曰：「如此甚善。」自是歷階至旅長。長岳之役，子夏陳師某地，潰不成軍，棄甲曳兵走，間道抵太原，謁閻督，相見彌歡。閻不欲畀以重任，而不忍其失所，猶豫莫決。久之，乃議設特務營，士兵額視它營為多，即

[1] 子夏隱指商震，一九一四年商在陝西陸建章部下任衛隊旅團長，後依附於晉系閻錫山，歷任旅長、師長，一九二六年任綏遠都統。一九二七年任國民黨第三軍第一軍團總指揮。一九三三年二月，被張學良任命為華北第二軍團司令。一九三七年任第一戰區第二十集團軍總司令兼第三十二軍軍長。

以營長與之。子夏固怏怏，不從不可。既受事，縱情聲色，閻以其無大志，益輕之。旋移團長，歷三年始晉旅長。雁門之戰，奮不顧身。為之敵者，則基督將軍所部。基督與子夏嘗共事師旅，誼且姻婭，此舉誠公而忘私也。

其時子夏以軍長任總指揮，戰罷論功，授塞北都統。閻疑其有二心，文武大吏，皆置親信，隱使作監察。子夏以奉軍既入踞中原，掩有河山半壁，閻非其敵，見異思遷，密緘大元帥示服從。作霖遂遣使修好，以堅其志。已而南師北征，勢大盛，閻決從眾議，舉兵討奉。子夏知其然，復親晉而疏奉。作霖震怒，明令萬福麟率師入塞，名為會師共剿甘匪，實則將以其代子夏也。

子夏得報，親迎福麟於車驛，媚之甚至，約為兄弟。福麟粗疏，惑焉，急電報子夏深得人心，於元首始終擁戴，議遂寢。旋復遣重將韓麟春馳往查察。韓臨，子夏使夫人移宿他室，以所居供麟春寢處，叩首稱夫子，謂不才固公之門徒也。麟春愕然，漫應之，而喜其人之應對有度。及返，作霖問曰：「其人如何？」麟春對曰：「其人有材，其心無他，誓與大元帥共存亡。」霖頷首。閻不無所聞，疑之，召而往，至則嚴辭詰責。子夏垂涕曰：「此身久為帥有矣，生死惟命是從也。」閻意稍解。既驅奉軍出燕、薊，子夏理民事，兼筦軍符，頻往還平津，以黨治福將自況。審閻終莫之信也，厚結清河公子，為他日地。其間事變百端，閻卒解其兵柄。清河聞之曰：「吾兵多，當以一軍與子。」卒如議。是頗以張鳴岐與岑春煊故事，但文武殊途耳。或曰：「斯人也，亦可謂善變者矣。」

二胖子

張學銘字西卿，學良同胞弟也。貌肥碩，眾戲呼曰二胖子。學銘聞聲笑而詰之，不以為忤也。作霖舉男子八，獨學銘有阿福相。作霖約束諸子嚴，學良雖擁重兵，餉糈皆取自總部，無鉅資之積，恒苦困乏。學銘則坐享月費，平日僅偶至咖啡館，稍解岑寂。客有挾之為兼金一底之麻雀者，辭以財力未勝。乃兄集群客博於私邸，雌雄雜座，晝夜不息。學銘嘗立視其側，莫敢下手。倘兄命稍試，斟酌再三而後動，往往不終局而去。是雖小節，可觀其為人。居日本士官學校有年，每歲寒暑假期必歸省。嘗對人曰：「武力不足恃，吾人習軍事徒自苦。」聞者以為快。奉軍三度入關，被任天津公安局長，擢市長，人以其年少，或無能為。寇既據遼東，且進至綏錦，其禍更波及津沽。學銘勞心焦思，歷數十晝夜，目罕交睫，寢不易衣；詎恐糜爛地方，不則慮天下之人，以譏其兄之詞，復罪及其身。卒使武裝警士盡力維護，無交壘之跡，收保土之功。事已，掛冠去。余謂其乃福相者，不益可信耶！

涿州

涿州，漢置郡治，唐改州，明清仍之，屬順天府。共和後，易縣隸京兆。黨治並京兆於河北省，地沿平漢軌道，非戰之地也。往歲，山右閻將軍不欲事張大元帥，舉兵謀取燕薊，密遣傅作義率軍晝夜步行，偷渡龍泉關。抵涿縣，懸青天白日旗，斷軌道，以兵守南北要隘。奉軍事前固微有所聞，而未知其發難之速，至是諸將驚失色，以作義斯舉不啻鄧艾之入陰平也。於是張學良、韓麟春命三軍猛攻之。三日不克，七日又不克，半月且不克。幾疑其有十萬神兵在，將固咋舌，卒復膽寒。實則傅軍只萬人，既未能長驅而進，知不可抗，乃閉城而守。糧則一月前偽為商賈，潛運儲待於此者，蓋有備無患，不可謂不心細。相持逾月，奉軍環而攻之者數逾十萬，城內積糧盡，雖井水亦不可得。居民與士卒同艱苦，飢餓垂斃，哭聲震天地、泣鬼神。作義知旦夕不保，遂降。偕所謂三、四軍團部參謀長鮑文樾至燕京，即居文樾所。學良、麟春慰勉有加，曰：「同室操戈，我輩之恥也，軍人之羞也。國事容與元首熟商，可行，吾人惟服從；否，亦宜不用武。」作義對曰：「戰之罪，抑區區之罪，徒苦吾民矣，悔何及。」翌日，作義謁大元帥於府中。先詣參陸辦公處，就次長於國翰、楊毓珣談，然後偕於、楊入。元帥久不出，於、楊疑有變，大駭。少頃，侍衛牽簾，元帥笑面疾趨作義之前，笑執手曰：「好小子，好小子，真會打仗，打得好，世界皆知若有本領，吾亦佩服矣。此來行裝甫卸，入浴否？」作義曰：「未也。」

元帥乃顧於、楊曰：「爾二人可取五百金，陪傅將軍去洗澡，而後吃飯聽戲，吾倦矣。」作義唯唯而退。讀樊樊山詩，「英雄我愛傅將軍」句，令人懷無限感喟。外患方亟，獨惜此善戰之夫未起而抗敵也。

張家口

張家口，一關隘耳，在直隸萬全縣之東。今易直隸為河北省，萬全早改張北縣。元名興和路，清置同知治之，曰張家口廳。民國稱察哈爾特別區，設都統一官，兼管民政、軍務。其他官吏一如行省例，都統下置興和道道尹。黨治廢所謂特區，而改稱察哈爾省。其地為平綏路所必經，原名京綏，而通蒙古之要道也。丙寅秋，奉軍大將張學良、韓麟春率八大處重要職員視察各駐地軍隊，沿平綏軌道北行，抵張家口，專車止車驛，張、韓與左右及近侍移住都統署。時軍長高維岳方被新命為都統，執禮甚恭。日集文武百官議撫綏安民事，而戰後瘡痍，淒涼滿目，吾人以書生躬與其間，殊不寒而慄也。一日，鎮威上將密電至，時猶未為元帥也。有親譯字樣，料必有重大事，而未悉為何事也。余持示學良，正午夜。學良屏左右，挑燈翻譯，竟長歎曰：「是一難題耳，苦矣。」余將退，以待學良語；而無一言，余亦不復問。俄而，召余與朱光沐入，語以故，曰：「慎勿洩，洩則事敗，二子當負責。」光沐唯唯。余曰：「此何事，可輕告人耶！」翌日，學良以事亟歸燕，麟春及諸人皆留。余與唐文鳴、李應超同隨行，住二日，事畢，復返張垣，而難作矣。

先是穆春領一軍，其部多騎兵，自龍江轉戰數千里，尤有功於平郭之役。作霖頗善遇之，命駐防多倫。士卒恃寵而驕，恣意劫掠，城內外幾無一戶免。作霖得報震怒，乃密令張、韓解散其軍，且使繫穆春等押解入遼，交軍法會審。張、韓遣高維岳、陳在新旅馳往其軍駐在地，蓋數日前已命穆軍至張垣，至是遂乘其不備，而重重包圍，卒將全軍繳械，復使營團長以上百數十人集於車驛。諸人魚貫而進。余從窗隙窺之，見皆露愁容，立顧同座之曾廣勷曰：「觀如許人之面有菜色，或有變耶？」語已，唐文鳴至，呼茶。余與對几坐，且嚼吐司。文鳴食竟，謂將返睡車，余亦欲離去。車務總管英人伊雅格對余曰：「不可下車，不可下車。」乃止。而文鳴已走，追之毋及也。少頃，伊雅格色變，探懷取槍，實以彈曰：「不好。」語甫出，而槍炮聲隆隆然，震耳欲聾。余伏地，一彈越玻璃窗，經余左耳而過，立碎電燈一，鏘然有聲，不知亂之何極，心膽俱喪矣。雖然，遣散軍隊亦尋常事耳，胡遽至是？則穆春未善詞令，而衛隊團長姜化南一言之誤也。當團營連排長百數十人鵠立聽訓時，穆曰：「諸君聽諸，不法者，當治如律；自好者，將不次超遷。」眾唯唯，隨手置所佩槍於地，以俟命。姜化南下令曰：「預備！」預備者，俟張、韓之出而為禮也。聞者大驚，疑為對敵。中有一人焉放槍，眾和之，衛隊起而抗，儼以兩軍之交壘。專車震動，彈跡若蜂窩，車中人無不失色戰慄。唐文鳴、姜化南等若干人死焉。事後，張、韓亟命開車返燕，途經青龍橋，天已昏黑。余方執筆為電文，車忽傾斜，筆幾墮地。伊雅格仰臥於榻上，鼾聲如雷，急起而前趨，舉手扳軋，車遂停。伊曰：「吾方入夢，見甫遇難之唐、姜立車窗外，招手欲語，驚而寤，知車出軌。」未至墮入深山大澤中者，誠大幸也。雖然，殆有鬼耶，復有靈耶，異哉！

李老先生

李老先生名希蓮，字夢庚，後以字行，吉林人也。相從中山先生馳驅革命事業者，垂三十年，堅苦卓絕，一時無並。嘗備位國會，且為新聞記者。歲壬戌，與余同硯某報社，往往談至深宵，余戲以李老先生呼之。

一日，李顧余曰：吾聞諸鄉人言，沈垣有二大銀號，曰某某公、某某盛。某某公系故督某獨資而設。某無子，內寵盈室，號內執事者，恒出入閨闥，中冓之言，不免外播。某之親友大嘩，議偵得主名而治之，群姬大驚，一妾尤失色。適其地鈔值暴落，當局正擬嚴懲為首之人，某妾乃乘機以語當局之妾曰：「奸商即在吾家鋪中，無須他求也。」當局聞而震怒，捕殺之。連累而及某某盛之執事者數人，亦登鬼籙。其時當局對外以整頓金融告於眾，實則奸商固另有其人也。此往事，信否不可知矣。

今李老先生方佐髯公掌糾彈，貪吏充塞於政局，吾願正直無私之李監察起而張其罪，當不只三麟公司之聲譽也。

姜登選之死

姜超六（登選），河北南宮人，日本士官卒業生。既依張作霖遼東，與李景林、韓麟春、張宗昌、郭松齡稱五虎將。諸人性質不侔，趨向亦異。景林多材藝，而好大言；宗昌粗魯放肆，無規矩準繩；麟春富智謀，而疏小節；松齡城府深峻，機詐內斂；獨登選豪爽輕財，和藹可親。事無不對人言，尤能與士卒共甘苦，義則爭先，利則退後。古人所謂吃緊在義利一關者，吾於登選之為人思過半矣。登選膺皖督禮延名士楊虎公[1]領袖幕僚。楊固書生，雖嘗著《君憲論》輔翊洪憲而弄權，納賄之事則絕無之，故百政肅然。蓋登選能降心相從，而虎公乃樂為所用也。松齡於

1 楊度，字皙子，號虎公，晚年號虎禪師。是中國近代史上一個奇人，政治活動家。先後投身截然對立的政治派別，頗具爭議。

登選宿不睦，思有以傾之，而未得當。登選固溫溫君子，平日未嘗有備也。李、張各自為謀，罕與登選近。登選過從最密者，麟春一人而已。

甲子，奉直之爭，九門口戰累日，松齡疑陳琛一旅不聽調遣，憤而後退，全陣幾潰。齡議置琛於法，琛隸登選部，登選辨其誣，齡不可，學良跪訴齡之前，哭失聲，乃免。自是二人益不相容。迨登選率師次臨淮，建牙皖北。齡歎曰：「關外詎無人才，坐視若輩得志，吾以是觀奉系之存亡矣。」松齡之叛也，登選甫自皖至沽上，宿於逆旅，未知其異舉。作霖急電召，倥傯出關，車經灤城，齡之總司令部在焉。軍眾密布車驛，一卒傳齡命，登車謁登選，謂有事待決。登選從容下車而往，至則久坐，松齡未出戶。登選不能堪，遂數其叛上謀友狀。語為齡所聞，立命處死，縛而送諸郊外行刑，薄殮置荒地叢草間。作霖得報大怒，而無可如何。麟春以登選之被害，慟絕，時方居父喪，至是素服誓師，宣言必滅叛將而後快。而齡卒敗，且喪軀。已而，麟春去灤城，為登選易柩，躬親護送至原籍而厚葬焉，可云不忘死友矣。當易柩時，眾見遺骸雙手所縛之麻繩已鬆，柩之左右木板爪痕宛然，大駭。細審其故，始知登選被槍擊，實未中要害，而悶死於櫬中者也。麟春睹狀，頓足垂涕曰：「天乎！良友固死不瞑目，而松齡今安在哉！」

張四爺

人有行列，而行四者多貴顯，若袁世凱、唐紹儀、張謇、周學熙其最著也。東北之地，今雖陷於敵，而東北之名不可廢，東北之張景惠尤不可不述也。景惠行四，字敘五，與張作霖為昆季交。作霖以四爺呼之，於是呼之者，人人皆不以是離口，而四爺之號，幾婦稚都知矣。景惠本名作霖，作霖則名景惠，往歲身居山寨，肆意孤行。奉天將軍趙次珊（爾巽）哀其遇，復喜其才，以計招之歸，示意必為首之景惠往晤而後可。景惠懼，累展行期。作霖素膽大，亦告景惠曰：「吾人斯舉詎得已哉，願從茲改過遷善，勉為良民；且此行將作官吏，又安知不扶搖直上。子既示怯，吾當先往，姑冒稱兄名，以示無他。」景惠曰：「是固無不可也。」其地轄於新民府，遂投謁知府增子固（韞）。韞遣卒偕往瀋垣，始見左翼翼長張金頗（錫鑾）。景惠巧於詞令，錫鑾奇賞之，惟曰：「睹子之貌，證以所獲之象片，毋乃不類乎？」景惠知不能隱，以實對。錫鑾曰：「如此亦佳，俟吾攜君入謁趙將軍，當使作霖即來。」既見爾巽，亦復云然。已而作霖至，傾談尤歡洽。相傳如此，信否匪能定論也。自是作霖漸貴顯，遇景惠獨厚，出入閨闥無阻，每有事必待景惠一言而決。壬戌奉直之戰，使領一軍為前驅，潰退。作霖曰：「四爺姑恕之，他人則斬首治罪矣。」景惠知作霖不為已甚，而恐不容於眾，避於天津夷場。作霖歲贈稠迭，景惠悉拜而受之。旋以聯吳佩孚銜命如鄂。迨作霖稱大元帥，任實業部長，積資已豐。邇則有事於長春，所謂人各有志，莫能相強矣。

景惠近事非余所知，即知之而無關談往，本題不贅，仍舉其往事一則以終篇。或告曰：「楊宇霆之死，實由於景惠一言。」初學良欲以計殺宇霆，躊躇未能決，密商於吉督張輔忱（作相）。作相咋舌曰：「鄰葛大員也，爾父摯交也，殺一大員而使天下人懷疑，烏乎可？且殺人非宰牛羊比也，即使罪無可逭，亦從輕處置。」學良意不懌。越日，學良謁景惠，叩首嗚咽曰：「鄰葛跋扈已甚，將以何術治之？」景惠頓足曰：「爾知爾為誰之子耶？」對曰：「大元帥之子也。」景惠曰：「然，則捨撲殺此獠外，無他計矣，爾放膽行之，倘因是釀變，有吾四叔在，無憂也。」學良唯唯而退。蓋景惠與宇霆素嫌貳，亦所謂借刀殺人也，狡矣。

陳四爺

往者遼東之地，以二爺稱者最多，而二爺之煊赫一時者，如韓麟春、楊宇霆、楊毓珣、張學銘、周大文其最著也。稱四爺者，首推張景惠，其次則曾任遼寧民政廳長之陳紫敭也，名文學，江寧人。於其鄉名士吳廷燮、鄧邦述、夏仁虎俱有姻婭，其妻乃鄭謙之妹。文學之入遼，歷二十年，宰營口縣八載，頌聲載途。奉天省長王永江考績，舉為循吏冠，聞者無異言。文學富詞藻，饒才思，書肖歐公，所為公牘奄有敬輿先生之長，蓋吏而多藝者也。丙寅春，張學良統兵攻津沽，軍次溝幫子，對河則營口也。文學謁之，學良驚為奇才，曰：「吾見宰官多矣，未有若君之風度端凝，言論爾雅者，它日倘得志中原，必延諸上座，以勗吾不逮。」文學唯唯。迨進兵平津，諸將如李景林、張宗昌、褚玉璞、畢庶澄、萬福麟、于珍之儔會於沽上。一日，眾宵博於潘三爺所（三爺者，指潘復也），方呼盧喝雉間，一弁持電報稟曰：「大軍已入京城矣。」眾歡呼。三爺首言曰：「京畿重地，文武百官多逃散，即京兆地方官吏亦有他往者，宜速遴員接替。」宗昌曰：「然。」隨手於几案間執信箋一束，大書某也次長、某也署長、某也廳長、某也局長，不一而足。時胡若愚在座，學良指以告諸人曰：「以此人任京師稅務監督何如？」眾曰：「諾。」學良即書於信箋，官場所謂下條子。然而下條子，乃對普通官吏，若簡任之職，黜陟之權操諸政府，而執掌軍事者竟以兒戲出之，世人每切齒於軍閥，未嘗不由於此也。

條子上由景林、宗昌、學良三人署名，又儼然內閣之副署。諸人如斯舉措，廑於事後以電報陳明高踞瀋陽之張作霖而已。京師稅務監督下列設總辦二，一管崇文門事，一管左右翼事，名曰徵稅局。胡請於諸人，謂獨木難支大廈，二缺可即派人為助，因薦皖人何瑞章，才堪任使。三爺攙言曰：「吾舉吳家元為前門總辦（前門即崇文門），而以何為左右翼總辦，可乎？」僉曰：「諾。」胡正色曰：「吳某何人？未之識，不能與共事，應任何為前門總辦，另擇一人為左右翼總辦。」三爺大驚，眾亦面面相覷，不置一辭。胡以目示學良，學良援筆書何瑞章為崇文門徵稅局總辦，陳文學為左右翼徵稅局總辦，議遂定。文學奉召即解營口縣印綬，兼程履新。胡以權予瑞章，出入同車以為常，文學徒擁虛名而已。文學性溫厚，不樂與人競，宜處之泰然。旋復入三、四方面軍團司令部，掌機要，與余共几硯，蓋深知其為謙謙君子也。

當鄭謙被命為江蘇省長，屬以上海縣，堅約偕歸江南。其婦亦思寧家，慫恿尤力。文學冷笑曰：「此何時，省長復何事，詎能久於其位耶？吾不欲為五日京兆也。」乃止。後三年，翟文選[1]理奉天省政，畀以政務廳。迨遼東歸附中央，文學以省委兼民政廳長，外人不察，以文學在遼為謙所汲引。觀吾所述，當可知其謬也。

己巳春，邢隅三（士廉）以事濡滯故都，遇余，率然曰：「別來無恙，蓋不回娘家，昨年之一怒而去者，果胡為乎？」余曰：「帥方盛，群少又靡不多材多藝，戇直如余，避之則吉。」士廉笑置之。歸以告文學，謂陳某閒散可惜，吾輩宜請帥待之以禮，使復入幕，即不然，東三省民報應得人而理。因約諸省委，以書達學良，而推文學起草，劉鶴齡持入。帥覽竟曰：「斯人久共患難，予嘗思之，惜……」語未終，某少大聲曰：「帥將起用某某耶？」帥曰：「固有是意，猶未決耳。」某少復曰：「彼視帥如無物，曾拂袖而去，帥能容，我輩不能容。」其時士廉以箋達余，屬即赴遼。余尚不審經過狀，答書備述方執教鞭於大學，事雖清苦，心實甘之。倘果欲與群

1 翟文選，一九二八年被張學良任命為奉天省長。一九三一年「九一八」事變後，翟文選拒絕了關東軍提出的請其參加滿洲國的邀請，舉家遷往天津，從此遠離政壇。

少競爭，則七函言辭，毋乃多此一舉乎？致文學箋亦云然。文學以書報余曰：「吾今而後益知吾子之志矣。」

張十一

張十一者，張文襄公（之洞）之幼子也。名仁樂，字燕卿。豐度翩翩，舉止亦落落，嘗為令遼東，有能名。其侄厚琬，為東北將材，久參戎機，作霖頗厚遇之。於楊宇霆、韓麟春、姜登選、邢士廉輩，皆日本士官學校之同學，故厚琬之聲勢殊盛。其父則文襄長子，名權，字君立者。仁樂年少，居遼日，恒與周大文等遊。大文善歌青衣花衫戲，仁樂唱鬚生，而富有譚味者也。厚琬每遇仁樂，以其為叔也，呼之曰十一太爺。

初，仁樂嘗學於日本，相傳留東外史亦齒及其人，以余所知，殆傳聞之誤。其時黎黃陂長女紹芬方待字閨中，見仁樂而傾心，將約為夫婦。黃陂昔隸文襄麾下，不無故主之情，聞其事，雅欲申朱陳之好，議將諧矣，卒以事格不果。嗣論婚於合肥龔錦章（心銘）之女。此女貌僅中姿，而有丈夫氣，好乘肥馬、衣輕裘，馳騁郊外，持槍擊鳥為樂。某歲，自美邦學成歸，適仁樂為畿疆首令，遂結褵焉。未三月，直督李景林舉兵討敵敗，仁樂去而之遼。有譖於作霖者曰：「此叛黨也，不宜復錄用矣。」作霖未審其詐。迨仁樂詣謁，厚琬亦在座，作霖厲聲曰：「武夫好叛，犯上作亂不足責，子奈何事前無一字之報，而同流合污耶？」仁樂知作霖喜先入之言，而事蹟絕非如是，才辯其誣。作霖乃顧厚琬曰：「君素忠於吾，吾知令叔當無它矣，容將有以置頓之。」仁樂出，語人曰：「倘非老將明察，其不受小人中傷者幾希！今而後誓不作官吏。」雖然，不作官吏，又將何所為耶？

當仁樂宰天津縣也，尚能勵精圖治。顧少年初登仕版，遇事或不免操之過急，以是間有事而不理於人口，實則其禮賢下士之心，固未嘗不若乃父文襄也，地位不侔耳。

一日，仁樂過余寓齋，曰：「吾思得一人為理案牘，不吝重金為報，子久居宦海，必有相知之人。」余對曰：「如此人才，知者固不只一人，但其人能屈志小就否，非所知也。」當斯時，老友胡改庵（朝宗）方遊沽上，止息張新五（文生）家，姑以仁樂語語之。胡宗曰：「是無不可，若能踐余所欲之條件，則如命。條件云者：（一）無取形式，不擔名義，即聘書亦不納。（二）每月應有夫馬費二百元。（三）預支三個月。（四）未議定之先，當局應躬自往拜。」余始有難色，卒以二人皆余摯交，奚可辭口舌之煩。余又以朝宗語語仁樂，且戲曰：「余為君保薦一人，淹貫中西，所為公牘尤工雅，曾授二等大綬寶光嘉禾章，記名公使用，湖江（北）交涉使，安慶道道尹之某某。」仁樂笑曰：「此一尊大羅漢也，區區破廟曷能容之。」議定，如約而行。即此一端，仁樂之為政做人皆可睹矣。

或曰：「仁樂今非偽國之實業部長耶，儼然開國元勳矣。」或又曰：「文襄為相勝〔盛〕清，宿著功業，廢帝以大義責之，使不得不從。」是非吾所知，吾所知者，仁樂久居遼土，為人所摒棄，遂致有今日。吾不忍言，言之徒多一層是非也。

血歷史147　PC0767

新銳文創
INDEPENDENT & UNIQUE

晚清民國聞見錄：

《睇向齋秘錄》、《睇向齋逞臆談》、《睇向齋談往》

原　　著　陳灨一
主　　編　蔡登山
責任編輯　鄭夏華
圖文排版　楊家齊
封面設計　王嵩賀

出版策劃　新銳文創
發 行 人　宋政坤
法律顧問　毛國樑　律師
製作發行　秀威資訊科技股份有限公司
114 台北市內湖區瑞光路76巷65號1樓
電話：+886-2-2796-3638　傳真：+886-2-2796-1377
服務信箱：service@showwe.com.tw
http://www.showwe.com.tw
郵政劃撥　19563868　戶名：秀威資訊科技股份有限公司
展售門市　國家書店【松江門市】
104 台北市中山區松江路209號1樓
電話：+886-2-2518-0207　傳真：+886-2-2518-0778
網路訂購　秀威網路書店：https://store.showwe.tw
國家網路書店：https://www.govbooks.com.tw

出版日期　2019年5月　BOD一版
定　　價　320元

國家圖書館出版品預行編目

晚清民國聞見錄：《睇向齋秘錄》、《睇向齋逞臆談》、《睇向齋談往》/ 陳灨一原著；蔡登山主編. -- 一版. -- 臺北市：新銳文創, 2019.05
面；　公分. -- (血歷史；147)
BOD版
ISBN 978-957-8924-52-9(平裝)

1. 近代史 2. 清史 3. 民國史

627.6　　108005577

讀者回函卡

感謝您購買本書，為提升服務品質，請填妥以下資料，將讀者回函卡直接寄回或傳真本公司，收到您的寶貴意見後，我們會收藏記錄及檢討，謝謝！

如您需要了解本公司最新出版書目、購書優惠或企劃活動，歡迎您上網查詢或下載相關資料：http:// www.showwe.com.tw

您購買的書名：__________________________________

出生日期：__________年__________月__________日

學歷：□高中（含）以下　□大專　□研究所（含）以上

職業：□製造業　□金融業　□資訊業　□軍警　□傳播業　□自由業

□服務業　□公務員　□教職　□學生　□家管　□其它______

購書地點：□網路書店　□實體書店　□書展　□郵購　□贈閱　□其他

您從何得知本書的消息？

□網路書店　□實體書店　□網路搜尋　□電子報　□書訊　□雜誌

□傳播媒體　□親友推薦　□網站推薦　□部落格　□其他__________

您對本書的評價：（請填代號　1.非常滿意　2.滿意　3.尚可　4.再改進）

封面設計____　版面編排____　內容____　文／譯筆____　價格____

讀完書後您覺得：

□很有收穫　□有收穫　□收穫不多　□沒收穫

對我們的建議：__________________________________

____

____

____

請貼
郵票

11466
台北市內湖區瑞光路 76 巷 65 號 1 樓
秀威資訊科技股份有限公司 收
BOD 數位出版事業部

(請沿線對折寄回,謝謝!)

姓 名:________ 年齡:________ 性別:□女 □男

郵遞區號:□□□□□

地 址:________

聯絡電話:(日)________ (夜)________

E-mail:________